MAREN SCHNEIDER

Der kleine Alltags-Buddhist

MIT BUDDHA DURCH DEN ALLTAG

BUDDHAS ANLEITUNGEN 7
Was erwartet Sie in diesem Buch? 8
BUDDHAS LEBEN – BUDDHAS LEHREN 11
Buddhas Werdegang 11
Buddhas Lehre auf den Punkt gebracht 20

DER ACHTFACHE PFAD

RECHTE ERKENNTNIS 41
Erleuchtung erfahren 42
Übungen für den Alltag 45

Inhalt

RECHTE GESINNUNG 57
Das Wissen um Vergänglichkeit
und Karma 58
Übungen für den Alltag 60

RECHTE REDE 67
Verantwortung übernehmen 67
Übungen für den Alltag 69

RECHTE HANDLUNG 79
Innere Stärke fördern 79
Übungen für den Alltag 81

RECHTER LEBENSERWERB 89
Die innere Haltung 90
Übungen für den Alltag 91

RECHTE ANSTRENGUNG 99
Mit Störgefühlen umgehen 100
Übungen für den Alltag 102

RECHTE ACHTSAMKEIT 111
Annehmen, was ist 111
Übungen für den Alltag 114

RECHTE SAMMLUNG 129
Den Geist ausrichten 129
Übungen für den Alltag 132

Bücher und Adressen, die weiterhelfen 141
Impressum 144

Buddhas Anleitungen

Sie finden den Buddhismus faszinierend, wollten schon längst mehr darüber erfahren, haben aber bisher keinen Zugang gefunden? Dann dürfte dieses Buch ein guter Einstieg für Sie sein.

Sie erfahren im ersten Kapitel nicht nur alles über die Grundlagen von Buddhas Lehre – kurz, knackig und ohne großen religiösen Überbau –, Sie können auch im zweiten Kapitel durch kleine Übungen und Anregungen sofort in die Praxis eintauchen. So lenken Sie Schritt für Schritt Ihr Leben auf Buddhas Pfade. Die Lehre Buddhas umfasst wesentlich mehr, als sich in den Schneidersitz zu setzen und zu versuchen, möglichst ruhig zu werden, oder Mantren vor sich her zu singen. Es ist eine sehr praktische und alltagstaugliche Lehre. Mit ihrer Hilfe finden wir einen Weg aus den Verstrickungen und Täuschungen unseres Lebens, die uns immer wieder unzufrieden und unglücklich machen oder, wie Buddha es ausdrückt, uns leiden lassen. Herausforderungen und Konflikte wird es natürlich immer geben. Doch wir können lernen, unsere Probleme zu lösen, und ein erfüllteres, glücklicheres Leben führen, indem wir unsere Achtsamkeit schulen und unser Herz und unseren Geist entwickeln.

WAS ERWARTET SIE IN DIESEM BUCH?

Vielleicht empfinden Sie schon länger eine unterschwellige Unzufriedenheit, Unruhe oder Leere, wissen aber nicht, wie Sie etwas verändern sollen. Wahrscheinlich sehnen Sie sich nach mehr Klarheit in Ihrem Leben, nach mehr Ruhe, Gelassenheit oder auch nach mehr Lebendigkeit, denn sonst hätten Sie dieses Buch nicht in der Hand. Doch wie gehen Sie nun vor?

Am besten lesen Sie das Buch erst einmal von vorne bis hinten durch. Dann beginnen Sie mit den Themenbereichen und Übungen, die für Ihr Leben aktuell besonders relevant sind. Alternativ können Sie die Themenauswahl auch dem Zufall überlassen: Schlagen Sie das Buch einfach am Morgen auf und lassen Sie sich überraschen, welche Übungen an diesem Tag auf Sie warten. Manche eignen sich für zwischendurch, manche entfalten ihre Wirkung erst, wenn Sie sie fest in Ihren Alltag integrieren oder über einen längeren Zeitraum üben. Dabei beanspruchen viele dieser

Übungen nicht mehr als fünf Minuten Zeit. Und die dürften doch eigentlich auch im allerbewegtesten Alltag drin sein.
Die meisten Übungen, wie zum Beispiel die Selbstbeobachtung, laufen jedoch eher nebenbei ab, während Sie Ihren aktuellen Tätigkeiten nachgehen, sodass Sie sich gar nicht extra Zeit dafür einrichten müssen. Und plötzlich, ohne großen Aufwand, pflegen Sie einen buddhistischen Alltag. Ganz gleich, welche Übung Sie sich ausgesucht haben, Sie werden lernen, mehr im Hier und Jetzt zu leben, und erkennen mit der Zeit, welche Ihrer Denk- und Verhaltensmuster dafür sorgen, dass Sie unzufrieden oder unglücklich sind, sodass Sie diese verändern können.

Wichtig zu wissen

Der Buddhismus ist ein Erfahrungsweg und erschließt sich Ihnen nur, indem Sie ihn gehen – das heißt, indem Sie das, was Sie hier lesen, auch ausprobieren und üben, und das, was Sie dabei erleben, reflektieren und daraus Erkenntnisse gewinnen. Sie brauchen kein Buddhist zu sein und müssen auch keiner werden. Es genügt vollkommen, wenn Sie Lust haben, sich für die buddhistischen Weisheiten und Anregungen zu öffnen, und bereit sind, auch mal andere Wege auszuprobieren als Ihre bisher gewohnten.

Buddhas Leben – Buddhas Lehren

Von Buddhas spannendem Werdegang sind noch erstaunlich viele Details überliefert. Seine Lehren können uns heute noch helfen, zu mehr Zufriedenheit und Glück zu finden.

Der historische Buddha war nicht irgendein Gott, der erleuchtet vom Himmel stieg, sondern ein Mensch wie Sie und ich. Auch er hatte mit seinem Leben zu kämpfen – was ihn sehr nahbar und sympathisch macht. Er lebte vor schätzungsweise gut 2500 Jahren, wobei sich die Forscher über die korrekte Zeitangabe nicht ganz einig sind. Bevor er zu Buddha wurde, was der Erwachte bedeutet, lebte er als Königssohn und Thronanwärter ziemlich komfortabel in einem Palast in Nordindien.

BUDDHAS WERDEGANG

Damals hieß er noch Siddharta. Er galt als sehr intelligent, wissbegierig und talentiert. Zu seiner Geburt hatte jedoch ein Sternendeuter prophezeit, dass Siddharta entweder ein großer Weltenherrscher oder ein bedeutender Heiliger werden würde. So tat der König alles dafür, dass sein Sohn von Problemen, Unpässlichkeiten und Leiden verschont blieb, denn er wusste, wie sehr die Konfrontation mit Leid einen Menschen zur spirituellen Suche inspirieren kann. 29 Jahre lebte Siddharta von Luxus und Schönheit umgeben, von dicken Mauern und Wachen beschützt und vor allem Übel behütet am Hofe seiner Eltern.

Siddhartas Begegnung mit dem Leid

Siddharta hatte jedoch mit der Zeit genug von seinem behüteten Leben. Er wollte endlich die Welt außerhalb des Palastes sehen und bedrängte seine Eltern, ihn gehen zu lassen. Voller Sorge sträubten sich diese zunächst dagegen. Doch schließlich gaben sie nach und Siddharta erkundete die Umgebung. So kam er mit der unperfekten Welt in Berührung. Er sah Kranke, Bettler, Alte, Sterbende und auch einen Toten. Für den abgeschirmt von allem Leid aufgewachsenen Siddharta waren diese Begegnungen zunächst ein Schock, denn sie zeigten ihm zum ersten Mal, welchen Schmerz und welches Leid es auf der Welt gab.
Inmitten all dieses Leides begegnete ihm ein asketischer Wandermönch, der, von all dem unbeeindruckt, tiefen Frieden ausstrahlte. Siddharta war sehr berührt von der Dimension des Leidens um ihn her, aber auch fasziniert von der Möglichkeit,

trotz allem Frieden empfinden zu können, wie der Mönch es vorlebte. So fasste Siddharta den Entschluss, es dem Asketen gleichzutun und sich auf die spirituelle Suche zu machen, um für alle Wesen einen Weg zur Auflösung von Leid zu finden.

Vergebliche Umstimmungsversuche

Seine Eltern waren alles andere als glücklich über Siddhartas Vorhaben. Besonders sein Vater wollte, dass Siddharta sein Thronfolger wurde. Also versuchte er, ihn mit einer Heirat zum Bleiben zu bewegen. Siddharta sah und verstand das Leid seines Vaters und willigte nach einigem Hin und Her in diese Heirat ein. Seine Braut Jassodhara war nicht nur anmutig und schön, sondern auch noch intelligent und warmherzig, und er liebte sie sehr. Sie konnte seinen dringlichen Wunsch, auszuziehen und ein Gegenmittel für das Leid der Welt zu suchen, nachvollziehen. Für dieses Verständnis liebte er sie umso mehr. Und diese Liebe machte ihn noch entschlossener, ein Gegenmittel für das unabwendbare Leid zu finden. Als Jassodhara einen Sohn gebar und der Königshof somit einen neuen Erben hatte, verließ Prinz Siddharta schweren Herzens, aber entschlossen noch in der Nacht der Geburt seines Kindes heimlich den Palast. Er entledigte sich seiner kostbaren Gewänder, schnitt sein Haar ab und trat seine Wanderschaft an.

Siddhartas Suche

Unerkannt zog er umher und lernte bei den größten Meistern seiner Zeit, die ihn in ihre Art der Meditation und Askese einweihten. Er meisterte die Aufgaben, bis er seinen Lehrern ebenbürtig war. Dann zog er wieder weiter. Doch die erhoffte Erkenntnis und die Befreiung von Leid blieben aus. Er praktizierte eine strenge Askese, um die Bedürfnisse seines Körpers zu unterwerfen und damit über das Leid hinauszuwachsen. Doch statt der erhofften Befreiung nahm das Leid zu.
Dem Tode näher als dem Leben, musste er erkennen, dass ein geschundener Körper ihn auf dem Weg zur Erleuchtung eher hemmte als unterstützte. So brach er die Askese ab und setzte, nachdem er sich erholt hatte, seinen Weg allein fort.
Seine ehemaligen Gefährten nahmen es ihm ziemlich übel, dass er in ihren Augen den rechten Pfad verließ. Doch Siddharta war überzeugt davon, dass es einen anderen Weg geben musste als Selbstkasteiung. Er, der die verschwenderische Fülle des Palastlebens erlebt und im direkten Gegensatz dazu die Entbehrungen der Askese kennengelernt hatte, konnte aus eigener Erfahrung nun mit Sicherheit sagen, dass beide Extreme nicht zur Befreiung von Leid führen. Er entschloss sich, den Weg der Mitte zu gehen, indem er seine körperlichen Grundbedürfnisse berücksichtigte.

Dabei erinnerte er sich, dass er als Kind einmal ein intensives meditatives Erlebnis hatte, während er still und zufrieden unter einem schattigen Baum gesessen hatte. Daran wollte er anknüpfen.

Siddhartas Erleuchtung

Nach nun nahezu sechs Jahren des Lernens und der Meditation fasste er den Entschluss, die Wahrheit nicht mehr bei irgendwelchen Meistern zu suchen, sondern in seinem eigenen Geist. Er wollte so lange meditieren, bis er die inneren Prozesse erkannt hatte, die dafür sorgten, dass er und alle anderen fühlenden Wesen leiden müssen, und es ihm gelang, sich nicht mehr darauf einzulassen. So setzte er sich also wieder unter einen Baum, entschlossen, so lange zu meditieren, bis sein Geist absolut klar und stabil wäre. Wir können davon ausgehen, dass das harte Arbeit war.

GEDANKEN ALS TRUGBILDER ERKENNEN

Während er bewegungslos dasaß, produzierte sein Geist Fantasien und Emotionen, die jeder von uns kennt: fiktive Streit- und Angriffssituationen, die Abwehr, Angst oder Wut hervorbringen, Sexfantasien, die Lust, Begehren und Leidenschaft erzeugen, Vorstellungen von Ruhm und Ehre, die Stolz und Neid wecken, sowie Gedanken an Speisen und Getränke, die starkes Verlangen hervorrufen.

Siddharta durchlebte alle diese Fantasien und die damit einhergehenden problematischen emotionalen Regungen und erkannte, dass sie gar nichts mit der Wirklichkeit zu tun hatten. Alles fand ja nur in seinem Kopf, in seinen Vorstellungen statt. Als ihm das klar wurde, lösten sich die Gedanken und die damit verbundenen schwierigen Gefühle auf – und mit ihnen verging auch alles Leid.

WEITERE MEDITATIVE ERKENNTNISSE

Immer weniger ließ er sich auf das Spiel der geistigen Phänomene ein und sein Geist wurde immer offener, entspannter und klarer. So erkannte er, während er in der Meditation verweilte, auch das Naturgesetz der Vergänglichkeit, also dass alles, was lebt, wieder vergehen muss. Genauso erkannte er das Naturgesetz von Ursache und Wirkung, dem das ganze Universum unterliegt: Nichts existiert aus sich selbst heraus, alles unterliegt Bedingungen und alles, was wir tun, hat Auswirkungen. Er begriff, dass damit auch die Vorstellung von einem eigenständig existierenden Ich oder Selbst nichts anderes als eine Täuschung ist und dass, wenn es nur ein Trugbild, eine Vorstellung ist, wir unser Ich weder zu schützen noch zu verteidigen brauchen. So kam schließlich jegliches Streben seines Geistes zur Ruhe – all sein Begehren, im Buddhismus Anhaftung genannt, und jeglicher Widerwille lösten

sich auf. Er verweilte in der großen Offenheit und stillen Weite seines Geistes. Sechs Tage und Nächte saß Siddharta solchermaßen in Meditation und am siebten Morgen – einem Vollmondtag im Mai – war es vollbracht: Sein Geist war durch den meditativen Prozess klar, stabil und still, frei von Anhaftung und Ablehnung, frei von Täuschungen, Hoffnung und Furcht, frei von Leid.
So wurde Siddharta zu Buddha, dem Erwachten. Dieser Tag war sein 35. Geburtstag und sollte 45 Jahre später auch sein Todestag sein.

Buddhas Belehrungen

Buddha selbst zweifelte, dass er das, was er erlebt und entdeckt hatte, vermitteln könnte. Doch als er einige Wochen nach seinem Erleuchtungserlebnis seine Asketengefährten wieder traf, waren diese von seiner Ausstrahlung sehr beeindruckt und baten ihn um Belehrungen. Und so begann Buddha, in Worte zu fassen, was er erfahren hatte, und erklärte ihnen die Grundlagen seiner Erkenntnisse, welche die »Vier Edlen Wahrheiten« genannt werden. Schnell sammelten sich Menschen um ihn, die ihm folgten. Er nahm sie ungeachtet ihrer Kaste auf. Das war revolutionär zu seiner Zeit. Buddha zog mit seinen Schülern umher und lehrte 45 Jahre bis zu seiner Todesstunde – selbst im Sterben soll er noch einem ihn aufsuchenden Schüler eine letzte Belehrung gegeben haben. Da Buddha ein Mensch war, starb er auch wie ein Mensch – mit 80 Jahren an einer Lebensmittelvergiftung. Er ging mit den Worten: »Ich kann glücklich sterben. Ich habe keine einzige Belehrung in einer geschlossenen Hand behalten. Alles, was euch nützt, habe ich schon gegeben.«

DIE ÜBERLIEFERUNG DER LEHRE

Seine Belehrungen wurden erst nach 300 bis 500 Jahren aufgezeichnet. Bis dahin wurden die Lehren auswendig gelernt und von Lehrer zu Schüler mündlich überliefert. Ein Gremium wachte darüber, dass die Lehren nicht durch eigenes Gedankengut verfälscht wurden.

Heute sind die 84.000 Belehrungen in schriftlicher Form in 108 Bänden zusammengefasst. Die späteren Erläuterungen seiner Schüler sind in weiteren 254 Büchern überliefert.

Verbreitung und Strömungen

Die Lehre Buddhas hat sich mittlerweile nahezu über die ganze Erde verbreitet. Dabei sind aufgrund der kulturellen und religiösen Gegebenheiten der jeweiligen Länder verschiedene Formen der Ausübung entstanden. So traf der indische Buddhismus auf den chinesischen Taoismus und verschmolz zum Chan-Buddhismus, verbreitete sich weiter nach Japan und wurde zum japanischen Zen. In Tibet verschmolz der Buddhismus mit der dort vorherrschenden Bön-Religion, die schamanisch geprägt ist, und es entwickelte sich der spezielle Vajrayana-Buddhismus mit seinen vielfältigen Ritualen. Innerhalb dieser von Land zu Land recht unterschiedlichen Ausprägungen entwickelten sich wiederum die verschiedensten Schulen und Linien.

Im letzten Jahrhundert wanderte die buddhistische Lehre schließlich weiter nach Westen und verbreitete sich dort. Seit den 70er-Jahren finden Sie auch in Deutschland, Österreich und der Schweiz ein großes Angebot an buddhistischen Gruppen, Klöstern und Studienzentren, in denen Sie je nach Bedarf Anleitung und Begleitung für Ihren Weg bekommen können. Dabei bleibt es Ihrem persönlichen Geschmack überlassen, ob Sie sich zum Beispiel eher mit dem Urbuddhismus, der Praxis des Zen oder des tibetischen Buddhismus beschäftigen möchten.

MEHR SEIN ALS SCHEIN

Doch ganz gleich, welche Schule Sie wählen, es geht immer um die Umsetzung der Empfehlungen Buddhas in Ihrem eigenen Leben. Die Rituale der jeweiligen Schule sind nur Hilfsmittel, die es Ihnen ermöglichen, nach Ihren persönlichen Voraussetzungen den Geist zu schulen. Es nützt jedoch nichts, einfach nur stundenlang Mantras vor sich hin zu singen oder schick im Lotussitz verknotet zu sitzen. Ohne den Sinn hinter der Meditationsanweisung und Buddhas Lehren zu verstehen und sie im Alltag und der Meditation anzuwenden, wird uns das Sitzen und Singen der Erleuchtung nicht viel näher bringen, sondern eher in die Sackgasse einer spirituell verklärten romantischen Scheinwelt führen.

Eigenes Forschen, Erkennen, Reflektieren, Verstehen, Üben und Umsetzen sind die Pfeiler des Weges, den Buddha uns aufzeigt. Damit hat Buddha seinen Job bereits getan. Es liegt an uns, seine Lehren persönlich umzusetzen. Buddha legt ganz klar die Verantwortung dafür in unsere eigenen Hände. Mit dieser Umsetzung können Sie im nächsten Kapitel ab Seite 45 gleich beginnen.

BUDDHAS LEHRE AUF DEN PUNKT GEBRACHT

Das Ziel der buddhistischen Lehre ist, praktikable und wirksame Wege aus dem Leid zu zeigen und die von Natur aus tief in uns angelegten Qualitäten unseres Geistes wie Offenheit, Liebe, Mitgefühl, Weisheit und Klarheit zu entwickeln.

Hauptsächlich erreichen wir dies über ethisches Verhalten, die Übung in Meditation und durch die tiefe Einsicht in die Ursachen und die wirkliche Natur der Dinge. Eine der Grundlagen jeglicher buddhistischer Praxis ist die Achtsamkeit. Sie hilft uns, mit allen Sinnen im Hier und Jetzt zu verweilen, anzunehmen, was ist, ohne ständig mehr zu begehren oder etwas möglichst schnell wieder loswerden zu wollen. Sie ist die Basis, um ein heilsam ausgerichtetes Leben zu führen, sodass wir nicht länger durch Unachtsamkeit uns oder anderen schaden. Sie unterstützt uns dabei, uns auf das Wesentliche zu konzentrieren und unseren Geist auf Heilsames auszurichten.

Buddha gab sehr konkrete Anweisungen und Empfehlungen, wie wir das Leid überwinden, und seine Anleitungen sind selbst für unser digitales Zeitalter hochaktuell. Dabei macht Buddha stets deutlich, dass er nicht die alleinige Weisheit gepachtet hat. Vielmehr regt er uns an, seine Empfehlungen zu überprüfen und seine Anweisungen erst zu übernehmen, wenn sie sich für uns als angemessen und stimmig erwiesen haben.

Der Kern von Buddhas Lehren

Der Kern der Lehre Buddhas, um Freiheit vom Leid zu erreichen, sind die vier edlen Wahrheiten, die er in seiner allerersten Rede in einem Wald bei Benares seinen ehemaligen Gefährten, den fünf Asketen, erklärte.

Diese vier edlen Wahrheiten sind:
1. Es gibt Leid.
2. Es gibt grundlegende Ursachen für dieses Leid.
3. Dieses Leid kann beendet werden.
4. Es gibt einen praktikablen Weg, dieses Leid zu beenden.

Diese vier Wahrheiten gleichen einer Diagnose und einem Heilungsplan, plus wirksamem Medikament. Buddha wird oft auch als Arzt bezeichnet, der eine klare Diagnose des Leides stellte und auf Basis dieser Diagnose auch das passende Heilmittel dazu gab. Diese vier edlen Wahrheiten können auch als der kürzeste Ausdruck der gesamten Lehre Buddhas und als gemeinsamer Nenner aller buddhistischen Richtungen bezeichnet werden.

Die erste edle Wahrheit …

… ist die Diagnose, dass es Leid im Leben gibt, und zwar
- das offensichtliche Leid und
- das subtile (versteckte) Leid.

DAS OFFENSICHTLICHE LEID

Wir kennen es alle mehr oder weniger gut, denn wir empfinden es, wenn wir krank sind, wenn wir uns einsam fühlen, aber auch wenn wir älter werden und feststellen, dass die Attraktivität nachlässt, unsere Knie zu schmerzen beginnen, die Augen schwächer werden und uns bewusst wird, dass wir schließlich auch noch unausweichlich sterben müssen. All diese Vorstellungen werden von schmerzlichen Gefühlen wie Angst, Wut und Trauer begleitet und häufig auch vom verzweifelten Wunsch, es möge alles anders sein. Wir leiden an der empfundenen Unperfektheit der Welt und der Nichterfüllung unserer Vorstellungen, wie die Welt zu sein hat (nämlich sicher, beständig und berechenbar). Wir sind frustriert, dass wir trotz aller Anstrengungen nicht dauerhaft glücklich sind. Das Wort leiden hört sich schon ein wenig antiquiert an. Heute würde man eher sagen: »Das stresst mich.« Doch wenn wir uns anschauen, was dieses gestresste Gefühl in uns auslöst, kommen wir wieder zurück auf das Gefühl, zu leiden. Wir jammern, wir wehren uns mit Händen und Füßen, doch es tut weiter weh.

»Ist das nicht etwas negativ betrachtet?«, mögen Sie jetzt vielleicht einwerfen. »Das Leben ist doch oft total schön!« Ja, stimmt. Die Blumen blühen, der Himmel ist blau, wir fühlen uns so richtig wohl mit unserem Leben. Alles ist in Ordnung. Und jetzt kommen wir zum subtilen Leid.

DAS POTENZIELLE LEID

Während wir genüsslich in der Sonne liegen, mit unseren Kindern auf der Couch kuscheln oder einen anderen wunderbaren Moment genießen, erleben wir just in diesem Augenblick das subtile Leid, das unterschwellig an uns nagt, wenn wir etwas gerne für immer festhalten möchten. Der schöne Augenblick geht unweigerlich vorbei, Menschen, die wir lieben, verlassen uns. Keine Situation, sei sie noch so schön, lässt sich wiederholen oder konservieren. So liegt das Leid in allem Schönen verborgen – wenn wir die Vergänglichkeit ignorieren und entgegen all unseren Bemühungen erleben müssen, dass wir nichts auf ewig bewahren können. Unsere Eltern werden alt werden und sterben müssen. Unterschwellig lauert schon die Angst, sie zu verlieren. Und tatsächlich, gibt es bald nur noch die Erinnerungen. Irgendwann bleiben uns nur noch Fotos und das schmerzliche Gefühl, sie zu vermissen ... Das ist das subtile Leid, auch das potenzielle Leid genannt, das unterschwellig immer in allem vorhanden ist, solange wir am Angenehmen im Leben anhaften. Und damit kommen wir zu Punkt zwei:

Die zweite edle Wahrheit ...

... ist die Ursachenanalyse. Die Ursache des Leidens ist in unserem eigenen Geist zu finden:
1. Wir ignorieren die Vergänglichkeit und verstricken uns in Hoffnung (dass es doch so bleibt, wie es ist) und in Furcht (dass es sich ändert).

2. Wir reagieren auf alle Eindrücke mit Bewertungen wie gut/schlecht, angenehm/unangenehm und quittieren dies mit Anhaftung (Habenwollen/Gier) oder Ablehnung (Widerwille/Ärger), was große Spannung im Geist und auch im Körper hervorruft, und großes Leid auslöst.

LEID DURCH ANHAFTUNG UND ABLEHNUNG

Wir leiden, weil wir etwas bekommen, das wir so nicht haben wollen, wir sind frustriert und ärgerlich, weil wir etwas nicht bekommen, das wir gerne hätten, oder unglücklich, weil wir das, was wir lieben, wieder zu verlieren fürchten. So sind wir dauernd damit beschäftigt, zu sichern, zu kämpfen, zu manipulieren. Die Angst scheint unser ständiger Begleiter zu sein: Wir fürchten, das zu verlieren, was wir uns hart erkämpft oder erarbeitet haben, und haben Angst davor, dass etwas in unser Leben tritt, das wir so beim Universum nicht bestellt hatten und das wir nicht mehr los werden.

DAS GESETZ DES KARMA

Wenn wir Anhaftung und Ablehnung empfinden und dadurch Hoffnung und Furcht, beeinflusst das auch unsere Handlungen. Aus den Gefühlen entstehen Gedanken, aus den Gedanken entstehen Worte, die wir aussprechen, und/oder es folgen konkrete Taten. Nichts in unserer Welt existiert nur aus sich heraus. Alles unterliegt einer langen Kette von Ursachen, dem Zusammenkommen von Bedingungen und ihren Auswirkungen.

Alles – jedes Wort, jeder Gedanke, jede Tat – hinterlässt nicht nur eine Spur in der Welt, sondern auch eine Prägung in unserem Geist, die wiederum Auswirkungen darauf hat, wie wir die Welt erleben.

Dieser Eindruck im Geist wird »Karma« genannt. Karma ist ein Pali-Wort aus der alten Schriftsprache, in der die Lehrreden Buddhas verfasst wurden, und heißt übersetzt »Handlung«.

Dieses Wort schließt auch die Bedeutung der ihr zugrunde liegenden Motivation mit ein. Je nachdem, in welcher Absicht eine Handlung ausgeführt wird, entsteht eine heilsame oder eine unheilsame Prägung. Diese positiven oder negativen Eindrücke sind wie Samen, die früher oder später erneut die Ursache weiterer Handlungen werden, die von der Motivation dieser Eindrücke/Samen gefärbt sind. Sie können sich vielleicht vorstellen, wie schnell sich das alles unbemerkt verselbstständigt.

DIE MOTIVATION IST ENTSCHEIDEND

Wir können zwischen drei Arten der Handlungsmotivation unterscheiden:
1. heilsam,
2. unheilsam und
3. neutral.

Heilsam bedeutet, dass das, was wir tun, hilfreich und geprägt von Weisheit, Mitgefühl, Offenheit und Zuneigung ist. Unser Tun hilft uns und anderen weiter, erzeugt Klarheit, Verbindung, Verständnis und Wohlgefühl.

Handeln wir jedoch **unheilsam**, so können wir die Dinge nicht annehmen, wie sie sind, reagieren unwirsch, meist sehr emotional verstrickt. Das führt dazu, dass wir eifersüchtig, zornig, wütend, unglücklich … sind und unter Umständen auch leidvoll auf unser Umfeld einwirken. Situationen verschlimmern sich und wir verstricken uns in Schuldzuweisungen und weiteren unheilsamen Reaktionsweisen. Eine unendliche Geschichte von immer stärker werdendem Leid nimmt ihren Lauf.

Neutrale Handlungen unterliegen keiner dieser beiden Kategorien. Sie sind von keiner Grundmotivation geprägt. Wenn Sie zum Beispiel nur routinemäßig die Autotür schließen, hat das keine besonderen Auswirkungen.

Wie eine Handlung wirkt, ist abhängig von unserer Motivation, mit der wir die Handlung ausführen, und wie wir hinterher dazu stehen. So können wir ja durchaus zum Beispiel eine Kollegin unbedacht mit einem dummen Scherz verletzen. Damit haben wir ihr zwar wehgetan, aber wenn wir es aufrichtig bedauern, es nicht unsere Absicht war, sie zu kränken, wenn wir uns sofort dafür entschuldigen, wird dies kaum Auswirkungen auf unser unheilsames Karma-Konto haben. Anders verhält es sich, wenn wir so richtig sauer sind und ihr voller Absicht verbal auf die Zehen treten. Selbst das gesäuselte »Ich hab's nicht so gemeint« wird nichts zu unserer Entlastung beitragen, wenn wir uns heimlich darüber freuen, dass wir sie offensichtlich schwer getroffen haben. Hier kommt alles zusammen: Absicht, erfolgreiche Durchführung, Freude über die gelungene Tat – das gibt mal so richtig dicke Punkte auf unser unheilsames Karma-Konto. Und es ist vollkommen gleichgültig, ob unser Gegenüber das unserer Meinung nach verdient hat oder nicht.

Doch selbst wenn die Freude nach der gelungenen Tat spürbar ist, irgendwann kippt sie und wir fühlen uns nicht wirklich besser. Sehr wahrscheinlich fangen wir an zu grübeln, werden unruhig und auch der Ärger auf den anderen meldet sich zurück. Warum ist das so?

DER SAMEN IST EINGEPFLANZT

Durch Handlungen entstehen Eindrücke im Geist, die unsere Wahrnehmung der Welt prägen. Ein einfaches Beispiel: Begegne ich der Welt freundlich und integer, so hinterlässt dies in meinem Geist einen freundlichen und integren Eindruck. Da wir meist von uns auf andere schließen, nehme ich dann die Welt selbst auf diese Weise wahr. Begegne ich der Welt feindselig und bin ich nur auf meinen Vorteil bedacht, so schließe ich wieder von mir auf andere und gehe ebenfalls davon aus, dass jeder, der mir begegnet, nur auf seinen Vorteil bedacht ist. Dann sehe ich selbst im Lächeln meines Gegenübers Feindseligkeit. Aus diesen jeweiligen Geistesprägungen entwickeln wir Handlungen und wirken so auf uns und die Welt ein. Dies zieht wiederum geistige Prägungen und Auswirkungen bei uns und anderen nach sich.

Manche unserer Handlungen haben unmittelbar spürbare Auswirkungen. Bei anderen Handlungen scheint es so, als würden sie ohne Folgen bleiben. Doch in Wahrheit dauert es nur etwas länger, bis es so weit ist. Kommen irgendwann die passenden Bedingungen zusammen, zeigt sich die Frucht der geistigen Prägung.

Ein gutes Beispiel ist das Fremdgehen. Viele glauben, dass dies keine Auswirkungen hat, solange es der Partner nicht erfährt. Das mag auf den ersten Blick auch stimmen. Doch wird durch diese Handlung der Samen des Misstrauens im eigenen Geist eingepflanzt. Da wir von uns auf andere schließen, beschleicht uns bald der Verdacht, der Partner könnte uns auch hintergehen. Hinzu kommt die Angst, dass alles irgendwann auffliegen könnte. Wenn wir dauernd aufpassen müssen, dass wir uns nicht verraten, und ein schlechtes Gewissen mit uns herumschleppen, entfremden wir uns immer weiter von uns und unserem Partner, bis die Beziehung schließlich an der Lüge zerbricht. All das Leid, das dabei entsteht, führt wiederum zu neuen Prägungen im Geist und in eine endlose Verstrickung von karmischen Prägungen und Auswirkungen. Sind wir uns der karmischen Prägungen, die wir durch unsere Handlungen erzeugen, (und der daraus erwachsenden Verstrickungen mit anderen) nicht bewusst, nimmt dieser unglückselige Kreislauf kein Ende.

BUDDHA UND DIE NEUROWISSENSCHAFT

Das, was Buddha vor 2500 Jahren durch Erkenntnis und Meditation entdeckt hat, lässt sich heute durch die Neurowissenschaften belegen. Alles, was wir tun, ob wir nur denken oder ob wir dem, was wir gedacht haben, auch durch Handlung Ausdruck geben, schafft in unserem Gehirn neuronale Verschaltungen. Diese gleichen Datenautobahnen und legen emotionale Reaktionsprozesse gleich mit an.

Je häufiger wir auf eine bestimmte Art denken, fühlen und handeln, umso stärker wird die Verschaltung und lässt uns immer leichter und schneller auf gleiche Weise denken, fühlen und handeln. So entstehen Denk-, Fühl- und Handlungsautomatismen – so entsteht unsere Welt. Die Welt, die wir wahrnehmen, alles, was wir darüber denken, fühlen und wie wir auf sie reagieren, hat sich in unserem Gehirn als neuronale Verknüpfungen gebildet. Jeder Mensch nimmt die Welt immer ein wenig anders als ein anderer wahr. Wie kann das sein? Das hat etwas mit unseren neuronalen Netzwerken zu tun, die wir selbst über die Zeit durch Erfahrungen, unser Denken und Handeln in unserem Gehirn angelegt haben. Jeder sieht durch seine eigene neuronale Brille, zieht seine eigenen Schlüsse, bewertet das, was er sieht, auf Basis seiner Erfahrungen und sortiert das, was er zu sehen meint, in seine eigenen Wahrnehmungsschubladen ein, die sich im Laufe der Zeit gebildet haben.

ERKENNTNIS, EIN SCHLÜSSEL ZUR LEIDFREIHEIT

Es gibt nur eine Möglichkeit, uns aus dem Leiden erzeugenden Kreislauf zu befreien: Wir müssen uns über diese Prozesse klar werden, uns selbst beobachten und herausfinden, aus welchen Prägungen, Wahrnehmungsgewohnheiten und Motivationen heraus wir handeln und welche Auswirkungen dies hat. Denn auf Basis dieser Erkenntnisse können wir den Entschluss fassen, uns bewusst auf heilsames Denken und Handeln auszurichten und möglichst alles zu unterlassen, was uns und anderen in irgendeiner Weise schaden könnte.

Karma bedeutet nicht unabwendbares Schicksal. Es ist vielmehr die Ansammlung unserer Prägungen aus unseren eigenen Denk- und Handlungsgewohnheiten und diese können wir mit der Zeit und etwas Engagement heilsam verändern. Damit kommen wir zur dritten Wahrheit:

Die dritte edle Wahrheit …

… lehrt, dass wir das Leiden beenden können, und zwar durch tiefe Erkenntnis über Ursache und Wirkung, Karma und Vergänglichkeit. Denn so löst sich unser dauerndes Streben nach dem Angenehmen und unser Widerwille gegen Unangenehmes auf und damit auch das ständige Schwanken zwischen Hoffnung und Furcht. Buddha hat sich in seinem meditativen Prozess ausgiebig mit den psychologischen Prozessen, die in unserem Geist stattfinden, auseinandergesetzt und durch die Übung in Meditation seinen Geist so stabilisiert, dass er für diese Prozesse einfach nicht mehr empfänglich war.

Da er ein Mensch war und wohl einigermaßen den gleichen menschlichen neurologischen Gesetzmäßigkeiten unterlag wie wir, ist es sehr wahrscheinlich, dass auch wir seine Anweisungen umsetzen und ähnliche Erfahrungen und Fähigkeiten wie Buddha realisieren können – sicherlich nicht innerhalb von sieben Tagen, aber schließlich ist der Weg das Ziel und den sind bereits unzählige Menschen in den vergangenen 2500 Jahren erfolgreich gegangen. Das deckt sich auch mit den neuen Erkenntnissen der Neurowissenschaft und Meditationsforschung.

Die vierte edle Wahrheit …

… beschreibt den praktischen Weg, der zur Befreiung von Täuschungen und damit zur Überwindung des Leidens führt. Buddha hat uns alle Erklärungen gegeben, damit wir diesen Weg sicher und erfolgreich bis zur Vollendung beziehungsweise Erleuchtung gehen können.

Ein wichtiger Pfeiler ist die Meditation, doch gleichermaßen handelt es sich auch um einen Bewusstwerdungsprozess im Alltag. Das bedeutet, dass wir uns bemühen, heilsam und konstruktiv zu handeln und alles zu unterlassen, was unheilsam wirkt. Dieser Weg wird auch als Achtfacher Pfad beschrieben.

DER EDLE ACHTFACHE PFAD

Praktisch hat die ganze Lehre des Buddha, der er sich 45 Jahre gewidmet hat, in irgendeiner Weise mit dem Achtfachen Pfad zu tun. Er stellt eine Wegbeschreibung des buddhistischen Lebens dar oder auch unseren »Therapieplan«, um das Leiden zu überwinden:

1. Rechte Erkenntnis
2. Rechte Gesinnung
3. Rechte Rede
4. Rechte Handlung
5. Rechter Lebenserwerb
6. Rechte Anstrengung
7. Rechte Achtsamkeit
8. Rechte Sammlung

In einer anderen, kompakteren Form wird der Weg dreigliederig dargestellt:

1. **Weisheit (Panna):** rechte Erkenntnis sowie rechte Gesinnung
2. **Ethik (Sila):** rechte Rede, rechte Handlung sowie rechter Lebenserwerb
3. **Sammlung (Samadhi):** rechte Anstrengung, rechte Achtsamkeit sowie rechte Sammlung

DAS LEID BEI DER WURZEL PACKEN

Die Bezeichnung »recht« meint »heilsam«, also alles, was nicht schädigt und wirkliche Freiheit von Leid ermöglicht. Dabei geht es nicht nur um eine kurzfristige Erleichterung, sondern um das Entfernen der Ursache, der Wurzel des Leidens. Vielleicht kennen Sie das aus Ihrem Alltag: Sie spüren, dass etwas faul ist in Ihrem Leben, jeden Tag gibt es den gleichen Ärger. Statt sich jedoch um die längst fällige Aussprache zu kümmern, schalten Sie den Fernseher an, futtern Chips, gönnen sich das eine oder andere Glas Rotwein und schauen so lange fern, bis Sie eingeschlafen sind – bloß nichts mehr mitkriegen! Kurzfristig ist so das Leid kaschiert. Doch am nächsten Morgen wachen Sie auf und es überfällt Sie wieder. Da helfen auch keine Entspannungs-CDs mehr.

VERSCHIEDENE ANSÄTZE VERBINDEN

Anhand der acht Punkte wird sehr schnell klar, dass es vor allem darum geht, unser Leben so klar und heilsam wie möglich auszurichten. So erzeugen wir schon durch unsere Lebensführung wenig Leid und schädigen weder uns noch andere. Dies schafft geeignete Bedingungen für einen ruhigeren Geist und führt dazu, dass wir uns glücklicher, entspannter, verbundener und offener fühlen. Meditation ist dabei ein Teil des Übungsweges mit dem Zweck, dass wir uns erst einmal mit den geistigen Prozessen vertraut machen und lernen, den Geist durch Sammlung zu beruhigen und zu klären sowie uns aufs Wesentliche auszurichten – sie ist keine Entspannungstechnik, auch wenn Sie durchaus entspannte Momente erleben werden. Auf dem buddhistischen Weg verbinden sich somit mehrere Ansätze: Erkenntnisse über sich und das Leben zu gewinnen, eine heilsame Lebensführung im Alltag zu üben und zu meditieren. So erlangen Sie mit der Zeit die Fähigkeit, mit jeder Situation klarzukommen und die typische buddhistische Gelassenheit an den Tag zu legen, von der alle immer so schwärmen.

Der Weg ist individuell

Im weiteren Verlauf dieses Buches werden Sie nun angeregt, den Achtfachen Pfad in Ihrem Leben durch praktische alltagsbezogene Übungen zu entdecken. Dabei handelt es sich nicht um einen Stufenweg. Die einzelnen Schritte wirken vielmehr in ihrer Gesamtheit und unterstützen und durchdringen sich gegenseitig. Die Anregungen mögen anfangs etwas ungewöhnlich wirken. Das hat damit zu tun, dass wir normalerweise bestrebt sind, ichbezogen zu handeln – alles zu sichern, zu kontrollieren oder uns Anerkennung zu verschaffen (in der Hoffnung auf dauerhaftes Glück). Die Anweisungen Buddhas untergraben unser ichbezogenes Streben nach Sicherheit, Anerkennung und Kontrolle und hebeln dadurch unser Leid erzeugendes Verhalten von Anhaftung und Ablehung, Hoffnung und Furcht aus.

Ist ein Religionswechsel nötig?

Nein! Buddha wollte nichts weiter, als den Menschen einen pragmatischen Weg zu Glück, Frieden und Leidensfreiheit zu eröffnen. Es war nicht seine Idee, eine neue Religion ins Leben zu rufen.

Im Laufe der Zeit hat sich das etwas verselbstständigt und aus der Verehrung und Dankbarkeit für einen großen Weisen ist ein religiöser Kult geworden – der sich aktuell auch noch zu einer Modeerscheinung entwickelt hat. Das führt leider häufig dazu, dass der eigentliche Inhalt der Lehre Buddhas hinter Räucherstäbchen, Buddha-Statuen aus dem Baumarkt, Edelstein-Glücksarmbändchen und T-Shirts mit OM-Zeichen verloren geht.
Um die Lehren Buddhas zu leben, ist es nicht notwendig, die Religion zu wechseln. Viele Menschen im Westen empfinden seine Lehre einfach als Bereicherung zu ihrer eigenen Religion. Andere entscheiden sich, dem Weg in seiner ganzen Tiefe zu folgen, und wieder andere übernehmen einfach einen Teil der Empfehlungen zur Stressbewältigung oder um ihren Alltag besser zu meistern.

Machen Sie sich also auf den buddhistischen Weg und beginnen Sie im Praxiskapitel damit, Ihre Weisheit zu schulen, indem Sie sich als Erstes der rechten Erkenntnis widmen.

> »Die Fähigkeit, im Frieden mit anderen
> Menschen und mit der Welt zu leben,
> hängt sehr weitgehend von der Fähigkeit ab,
> im Frieden mit sich selbst zu leben.«
> Thich Nhat Hanh

Rechte Erkenntnis

Wenn uns nicht bewusst ist, dass wir gerade leiden, können wir auch nicht erforschen, weswegen wir leiden. Erst durch Erkenntnis erhalten wir die Chance, unser Leben zum Positiven hin zu verändern.

Kennen Sie den Postkartenspruch: *Ich habe zwar keine Lösung, bewundere aber das Problem*? Sehr wahrscheinlich haben auch Sie schon lange Gespräche mit Freunden oder Freundinnen über Probleme mit den Kindern, dem Partner, der Arbeit, dem Gewicht … geführt – irgendetwas stört uns immer, nichts ist hundertprozentig perfekt. Sie wünschen sich wirkliche Lösungen für Ihre Probleme? Die sind ohne bestimmte Erkenntnisse und Einsichten jedoch nicht möglich. Denn es geht vor allem darum, die richtige Einstellung zu unserem Leid zu finden. Wir ärgern uns, dass wir Schmerzen haben, regen uns auf, dass wir zu viel arbeiten müssen oder dass es heute schon wieder regnet, obwohl doch schon der Sommer so miserabel war – die Liste ließe sich wohl ziemlich lang fortsetzen. Alles in allem leiden wir darunter, dass wir leiden. Um aus dem Schlamassel herauszufinden, brauchen wir die rechte Erkenntnis. Sie ist der Beginn, um unser Leben zu optimieren. Einerseits stellt sie den Anfang Ihres Achtfachen Pfades dar, denn ohne das Bewusstsein um Ihre aktuelle Situation wüssten Sie ja gar nicht, wo Sie ansetzen sollen. Sie lässt Sie wahrnehmen, dass es Leid in Ihrem Leben gibt, und macht Ihnen das Zusammenspiel von Ursache und Wirkung, die Auswirkungen Ihres Denkens, Redens und Tuns auf Sie selbst und Ihr Umfeld bewusst. Damit schafft sie die Basis, um Sie aus Ihren Leid erzeugenden, destruktiven Prozessen zu führen. Andererseits ist Erkenntnis das, was Sie auf Ihrem Weg durch die gesamte Übungspraxis des Achtfachen Pfades kontinuierlich begleiten und bereichern wird – bis Sie letztlich die Vollendung erreichen: die Befreiung von Leid und somit Erleuchtung.

ERLEUCHTUNG ERFAHREN

Also, es werden keine Engels-Chöre ein Lied anstimmen, wenn es so weit ist. Erleuchtung ist etwas ganz Alltägliches. Wir erleben es zum Beispiel immer dann, wenn wir das Licht anschalten: Der Raum, der vorher im Dunkel gelegen hat, wird nun sichtbar. Genauso verhält es sich mit unserem geistigen Prozess: Etwas, das wir vorher nicht gesehen haben, wird durch Erkenntnis und Übung sichtbar, und zwar so, wie es wirklich ist, und nicht wie wir denken, dass es ist. Angenommen, Sie sehen beim Spazierengehen einen gewundenen Gegenstand auf dem Waldboden liegen, dann wird Ihr Gehirn sofort versuchen, diesen einzuordnen. Da das Objekt dunkel, länglich und gewunden ist, sortiert Ihr Gehirn es als Schlange ein. Auf der Stelle wird der Überlebensmodus ausgelöst, Ihr Körper schüttet Stresshormone aus und Sie bekommen automatisch Angst. Damit stellt Ihr Organismus sicher, dass Sie sich dem Objekt (wenn überhaupt) nur vorsichtig nähern. Gehen wir davon aus, dass Sie neugierig und mutig genug sind, sich die Schlange etwas näher anzuschauen. Während Sie herantreten, erkennen Sie, dass es nur ein gekrümmter Ast ist. Schlagartig fällt alle Anspannung von Ihnen ab, denn für Ihren Organismus gibt es nun keine Bedrohung mehr. Vielleicht müssen Sie sogar ein wenig über sich selbst lachen. Das ist ein Erleuchtungsmoment. Klingt ziemlich unspektakulär, oder? Aber um viele solcher ähnlichen Prozesse wird es auf Ihrem Weg gehen.

Dramen den Nährboden entziehen

Wir leiden und haben Angst, weil wir nicht erkennen, wie die Dinge wirklich sind. Wir interpretieren und mutmaßen, steigern uns in Dramen hinein, verstricken uns, reißen andere noch mit in unser Dilemma, in der Hoffnung, dass es uns dann besser geht – stattdessen leiden wir noch mehr. Doch dann fangen wir an, achtsam zu sein, wir meditieren und lernen, uns zu sammeln, wir schauen genauer hin, erkennen die wahre Natur der Dinge und – heureka! – das Drama hat keinen Nährboden mehr. Wir reagieren angemessener, es tut alles immer weniger weh – und das einfach so, ohne weitere Anstrengung.

Von der vollen Erleuchtung spricht man, wenn man überhaupt nicht mehr in Täuschungen, Anhaftung und Ablehnung und die damit verbundenen Stör-Emotionen wie Wut, Angst, Verlangen ... zurückfällt und der Geist dauerhaft, in jeder Situation stabil, frei und offen ist. Keine Sorge, Sie werden nicht zu einem unemotionalen Neutrum, nur das Leid, das Sie immer mehr oder weniger quält, ist verschwunden. Stattdessen wachsen Freude, Liebe, Mitgefühl und Glück.

Eine Bestandaufnahme

Hätten Sie das gern? Dann geht es jetzt erst einmal darum, dass Sie eine Bestandsaufnahme Ihres Leidens und seiner Ursachen machen. Sonst bleibt das Gelesene nur blanke Theorie. Außerdem, wie können Sie etwas ändern, wenn Sie nicht wissen, welches der Grund für Ihr Problem ist?

Übungen für den Alltag

Bei diesen Selbstbeobachtungsübungen geht es darum, dass Sie sich Ihr Leid und den Prozess, der Leid auslöst, in Ihrem Leben bewusst machen. Es geht dabei um eine Bestandsaufnahme, die Ihnen helfen wird, langfristig einen Weg aus Unzufriedenheit und Unglücklichsein zu finden. Lesen Sie sich die Übungen erst einmal alle durch und entscheiden Sie dann spontan, welche Sie heute angehen möchten. Wenn Ihnen eine Übung schwerfällt, wiederholen Sie diese ein paar Tage lang, sodass Sie sich damit vertraut machen. Wie lange Sie insgesamt bei der rechten Erkenntnis verweilen möchten, ob Sie alle vorgeschlagenen Übungen machen und wie viele Sie wiederholen möchten und wie oft, das entscheiden Sie am besten nach Gefühl.

Ablehung und Zuneigung erkennen

Den wenigsten Menschen ist klar, dass wir permanent alles, was uns begegnet, bewerten. Seien es Menschen (der »blöde« Nachbar) Situationen (ich hab mich so »doof« verhalten) oder Gegenstände (»schickes« Handy!). Reize sind grundsätzlich erst einmal neutral. Erst wenn wir sie durch unseren Wahrnehmungsfilter laufen lassen und sie bewerten, bekommen sie einen subjektiven Stellenwert aufgedrückt und das löst in uns Begehren oder Antipathie aus. Doch damit nicht genug, denn mit diesem Begehren oder der Abneigung entstehen in uns auch Gefühle wie Gier oder Ärger. Diese erzeugen Leid bei uns und potenziell auch bei anderen, wenn wir entsprechende Handlungen folgen lassen. Ob wir uns selbst niedermachen, unserem blöden Nachbarn unsere Gemüseabfälle in den Garten kippen oder schmachtend vor dem schicken Handy stehen – nichts davon erzeugt wirklich dauerhaft gute Stimmung in uns. Die Geisteszustände Anhaftung und Ablehnung sind die Grundlage all unseres Leidens. Sie lassen uns nie mit allen Sinnen zufrieden im Hier und Jetzt verweilen und sorgen dafür, dass wir ständig angespannt und rastlos sind. Aus diesem Grund ist es auf dem buddhistischen Pfad unerlässlich, dass Sie sich dessen bewusst werden. Wie kann das funktionieren? Vorschlag:

- Beobachten Sie sich heute immer mal wieder zwischendurch und achten Sie darauf, ob Sie auf das, was gerade geschieht, mit Ablehnung/Abwehr oder Zuneigung/Anhaftung reagieren.
- Wenn Sie zum Beispiel in der U-Bahn sitzen, sehen Sie sich um: Vielleicht telefoniert ein Mann hinter Ihnen und Sie sagen sich: »Das Gerede ist viel zu

laut, das ist schrecklich.« Zwei Mädchen sitzen beisammen und kichern um die Wette. Sie sagen sich: »Wie süß! Die Fröhlichkeit der beiden gefällt mir total gut.« Halten Sie auf diese Weise, wo immer Sie sind, kurz inne. Und werden Sie sich bewusst, dass Sie gerade etwas toll finden oder schrecklich, hübsch oder hässlich, niedlich oder abstoßend, dass Sie also gerade auf etwas in dieser bewertenden Form reagieren.
- Vielleicht können Sie dabei auch beobachten, wie in Ihnen der Impuls auftaucht, das, was Sie erleben, zu bekämpfen, zu ändern. Oder Sie fühlen den Drang, sich das, was Sie gerade erblicken, anzueignen, zum Beispiel etwas Leckeres sofort zu verschlingen oder etwas Reizvolles auf der Stelle zu kaufen.
- Es geht nur darum, es zu bemerken, Sie brauchen noch nichts zu verändern. Experimentieren Sie damit, den Handlungsimpuls lediglich wahrzunehmen und erst einmal abzuwarten. Das befreit Sie aus dem Zwang, automatisch auf etwas zu reagieren. Mit der Zeit können Sie mit Ihren Handlungsimpulsen kontrollierter umgehen.

Vergänglichkeit und Anhaftung

Kaum kreuzt etwas unseren Weg, das wir attraktiv, angenehm, ästhetisch, niedlich oder einfach hinreißend finden, reagieren die meisten von uns wie noch vor Urzeiten: als Jäger und Sammler. Die wenigsten können sich an dem, was sie sehen, nur erfreuen. Meistens schlägt die Anhaftung zu und wir bleiben an einer Situation, einer Person oder einem Gegenstand regelrecht kleben, mal in Gedanken und mal, indem wir das Objekt der Begierde zu unserem Eigentum machen. So finden sich unzählige T-Shirts, Schuhe, Zeitungen, Bücher, Schrauben, Telefonnummern, CDs und so fort in unserem Besitz. Fotos und Videos werden gemacht, um das eigene Leben oder auch die ersten Schrittchen unseres Nachwuchses zu konservieren. Erleben wir zum Beispiel den perfekten Moment im Urlaub, taucht neben der Freude und dem Genuss, den uns dieser Augenblick beschert, unterschwellig der Gedanke auf, dass die Ferien bald vorbei sind, die schöne Situation unwiederbringlich vergeht. Wir machen Fotos, damit das Schöne möglichst konserviert wird, versuchen, den Moment des Abschieds vielleicht noch hinauszuzögern, und plötzlich kippen die Freude und der Genuss in Wehmut um.

Anhaftung ist einer der Hauptgründe, weshalb wir leiden. Sie schafft es, uns früher oder später jede Freude zu verderben. Auf dem buddhistischen Weg ist es essenziell, sich dessen bewusst zu sein und das Leidenspotenzial der Anhaftung zu erkennen. Machen Sie sich also damit vertraut und beobachten Sie sich immer mal wieder zwischendurch:

- Wie reagieren Sie, wenn etwas Schönes in Ihrem Leben passiert? Können Sie es einfach genießen oder versuchen Sie, den Abschied hinauszuzögern oder das Schöne zu konservieren?
- Bemerken Sie, wie sehr Sie an den Dingen hängen und was es in Ihnen auslöst, wenn Sie daran denken, dass das Schöne, was Sie gerade erleben, vorbeigehen wird.
- Lassen Sie das Gefühl von Trauer, von Angst, das mit diesem Bewusstwerden auftaucht, ruhig zu. Steigern Sie sich aber nicht in Ihre Besorgnis hinein. Achten Sie darauf, ruhig weiterzuatmen, und sagen Sie sich: »So empfinde ich jetzt gerade, so ist es.« Dann wenden Sie sich Ihren Alltagsaufgaben zu bis zum nächsten kurzen Nachspüren.

Der Anhaftung auf der Spur: Stress erkennen

Anhaftung und Ablehnung kommen in unserem Leben meist in Form von Stress daher. Sobald wir etwas nicht gut finden, reagiert unser Körper mit der Ausschüttung von Stresshormonen, da unser Organismus nicht unterscheiden kann, ob es sich um eine tatsächliche oder nur eingebildete bedrohliche Situation handelt. Und so erleben wir unser Leben manchmal als Kampf, da nichts so läuft, wie wir uns das vielleicht vorgestellt haben, wir uns permanent angegriffen fühlen oder sogar unter Angst leiden, dass wir etwas nicht hinkriegen, ausgeliefert sind, keine Kontrolle haben, versagen oder einfach das Leben nicht mehr in sichere Bahnen gelenkt bekommen. Das ist Leid pur!

Für diese Übung sollten Sie sich ein paar Minuten bewusst Zeit nehmen und über Ihre aktuelle Situation nachdenken – sei es bei einem Spaziergang oder indem Sie einfach nur auf dem Sofa sitzen. Vielleicht möchten Sie die Fragen auch schriftlich beantworten – meist gehen wir tiefer in uns, wenn wir etwas ausformulieren müssen, als wenn wir es nur schnell im Kopf durchdenken.

- Schaffen Sie sich ein Bewusstsein für Ihre Situation: Kämpfen Sie gerade in Ihrem Leben? Wenn ja, was ist die Ursache?
- Wovor haben Sie aktuell Angst? Was bereitet Ihnen schlaflose Nächte?
- Was wollen Sie in Ihrem Leben haben, kriegen es aber nicht – oder wenn doch, zu welchem Preis?
- Was versuchen Sie gerade loszuwerden?
- Was löst das alles in der jeweiligen Situation für Gefühle und Reaktionen in Ihnen aus?

Täuschungen erkennen

Wünschen Sie sich, dass die Gegebenheiten und Situationen in Ihrem Leben möglichst sicher und kalkulierbar wären? Gehen Sie vielleicht sogar davon aus, dass, wenn Sie sich nur richtig verhalten, alle

Details berücksichtigen und keine Fehler machen, alles sicher und in geregelten Bahnen weiterläuft und Sie damit die Garantie auf dauerhaftes Glück haben? Glauben Sie, dass Sie der Vergänglichkeit ein Schnippchen schlagen können und sich nur richtig zu ernähren, ausreichend Sport zu treiben und die geeignete Gesichtscreme zu benutzen brauchen, damit die Vergänglichkeit Ihren Körper meidet? Meinen Sie, dass Sie immer nur das Richtige zur richtigen Zeit zu sagen brauchen, nur den geeigneten Einsatz im Job oder auch in der Beziehung an den Tag legen müssen, damit Ihr Job sicher ist und Ihr Partner bei Ihnen bleibt?

Bis zu einem gewissen Grad mag das funktionieren. Doch vielleicht haben Sie auch schon die Erfahrung gemacht, dass Sie trotz aller Bemühungen, sich richtig zu verhalten, die Vergänglichkeit und Lebensveränderungen weder vorhersehen noch verhindern konnten. Kein Wunder, denn die Vergänglichkeit ist die Grundbedingung für die Existenz des gesamten Universums. Wenn sich die Dinge wandeln oder Situationen sich verändern, haben Sie nichts »falsch« gemacht, es läuft nichts schief. Alles, was einen Anfang hat, hat auch früher oder später ein Ende und wandelt sich. Unser Leid steckt also nicht in der Vergänglichkeit an sich, sondern in unserer Erwartung, dass alles beständig ist. Schmerzhaft wird es für uns, wenn wir unser Glück an durch und durch vergänglichen Situationen und Dingen festmachen. Dann werden wir fürchterlich enttäuscht sein, wenn die Gegebenheiten früher oder später zu ihrem natürlichen Ende kommen. Zerbricht eine Beziehung, sind wir »ent-täuscht« – denn wir haben sie vielleicht für unser dauerhaftes Lebensglück gehalten. Verändern sich unsere Kinder in der Pubertät gegen unsere Vorstellungen, sind wir ebenfalls »ent-täuscht« von ihnen. Immer dann, wenn wir mit dem Gefühl der Frustration konfrontiert werden und jemand anderem oder auch dem Leben vorwerfen, dass er oder es uns enttäuscht hat, ist dies ein Hinweis, dass wir uns selbst nur etwas vorgemacht und Vergängliches für beständig gehalten haben.

Kommen Sie nun Ihren eigenen Täuschungen über die Beständigkeit auf die Spur:

- Beobachten Sie sich heute immer mal wieder zwischendurch und bemerken Sie, wenn Sie sich etwas vormachen und sich dauerhaftes, zufriedenstellendes Glück von vergänglichen, flüchtigen Dingen und Situationen erhoffen. Vielleicht ertappen Sie sich dabei, dass Sie frustriert sind und Ihr Glück durch Online-Shopping wiederherstellen wollen oder indem Sie gerade den Kühlschrank plündern. Erst mögen Sie Befriedigung oder auch Freude spüren. Doch bleibt dies dauerhaft? Bemerken Sie den schalen Geschmack,

wenn ein paar Stunden vergangen sind und die Freude über das Online-Shopping verebbt ist beziehungsweise der Inhalt des Kühlschranks schmerzhaft verdaut werden muss. All dies erzeugt Leid statt Glück.
- Achten Sie auf schmerzhafte Gefühle wie Enttäuschung oder Ärger darüber, dass die Dinge nicht so sind, wie Sie es sich vorgestellt haben, statt sie durch Aktionen zu übertünchen.

Die Daseinsmerkmale erkennen

Unser ganzes Leben ist ein permanentes Zusammenkommen und wieder Auseinandergehen. Wenn wir nicht wollen, dass sich die Bedingungen verändern, wenn wir der Vorstellung von Beständigkeit erliegen, liegt darin ein großes Leidenspotenzial. Jahreszeiten kommen und gehen – gerade war noch Frühling und plötzlich bemerken Sie, dass die Blätter schon wieder von den Bäumen fallen und Sie in nur zwei Monaten die Weihnachtsdeko aus dem Schrank holen müssen. Wenn sich in Ihnen nun Bedauern oder gar Ärger darüber regt, dass das Jahr viel zu schnell vergeht, wenn Sie sich betrogen fühlen und gerne noch ein bisschen länger Sommer gehabt hätten, sind dies alles Zeichen dafür, dass Sie an der Vorstellung von Beständigkeit anhaften und die Diskrepanz zwischen Wunsch und Wirklichkeit in Ihnen Leid auslöst.

- Vertiefen Sie heute Ihre Wahrnehmung und machen Sie sich bewusst, dass alle Situationen, die Ihnen begegnen, und alle Gegenstände in Ihrem Umfeld vergänglich sind, indem Sie sie auf die drei Daseinsmerkmale hin überprüfen: vergänglich, potenziell leidbehaftet und nicht aus sich selbst heraus existierend (also abhängig von geeigneten Bedingungen).
- Nehmen Sie zum Beispiel eine Tasse in die Hand, fragen Sie sich, ob diese aus sich heraus oder aufgrund von Bedingungen existiert. Hat jemand daran mitgewirkt, sind Materialien verwendet und dafür Ideen entwickelt worden, kamen Werkzeuge zum Einsatz? Wenn nur etwas mit Ja beantwortet werden konnte, ist es nicht aus sich selbst heraus existent und unterliegt damit der Vergänglichkeit.

Auseinandersetzung mit Karma

Buddha hat einmal gesagt: »Wenn du wissen willst, wie dein Leben in Zukunft wird, dann schau auf die Handlungen, die du heute ausführst.« Alles, was wir in der Vergangenheit getan haben, prägt unser Heute. Alles, was wir heute tun, wird unser Morgen formen. Wenn Sie Ihr Leben heilsam ausrichten möchten, ist es wichtig, sich über Ursache und Wirkung klar zu werden.

Alles, was Sie tun, beeinflusst Ihre Wahrnehmung, Ihre weiteren Handlungen, die Handlungen und

Reaktionen der anderen Menschen, die ganze Welt. Es ist eine unaufhörliche Kette.

- Machen Sie sich heute ganz bewusst mit Karma vertraut und beobachten Sie genau, welche unmittelbaren Auswirkungen Ihre Handlungen auf Ihr Inneres und auf Ihr Umfeld haben.
- Was geschieht, wenn Sie etwas gesagt oder getan haben, das heilsam war? Haben Sie es von ganzem Herzen gut gemeint, wollten Sie helfen, Freude und Glück teilen? Was für körperliche Regungen spüren Sie? Wie fühlen Sie sich unmittelbar danach, wie geht es Ihnen später? Und wie reagiert Ihr Umfeld?
- Was passiert, wenn das, was Sie taten, unheilsam war, Sie jemandem geschadet haben? Werden Sie sich darüber bewusst, welche Motivation Ihren Handlungen zugrunde liegt. Wollten Sie sich vielleicht bewusst an jemandem rächen oder jemandem den Tag verderben? Wollten Sie sich selbst aufwerten, indem Sie andere niedermachen? Es geht nicht darum, zu bewerten, sondern nur darum, es überhaupt wahrzunehmen.

»Ein Buddha zu sein bedeutet nicht etwa, sich in eine Art allmächtigen spirituellen Superman zu verwandeln, sondern – endlich – ein wahrer Mensch zu sein.«

Sogyal Rinpoche

Rechte Gesinnung

Dieser Schritt auf dem Achtfachen Pfad beinhaltet gleich drei Aspekte: das rechte Denken, die rechte Motivation und die rechte innere Haltung.

Wie Sie im letzten Kapitel schon erfahren haben, schafft die rechte Erkenntnis die Basis, um unser Denken, unsere Motivation und die innere Haltung, aus der heraus alles geschieht, heilsam ausrichten zu können. Uns muss bewusst sein, dass alle unsere Handlungen immer auch eine Auswirkung auf uns und unser Umfeld haben. Wenn wir erkennen, welche unserer Handlungen zu Glück und welche zu Leid führen, kommen wir der heilsamen Selbststeuerung schon einen großen Schritt näher. Wenn wir dann auch noch berücksichtigen, dass sich alles in unserem Leben wandelt und der Vergänglichkeit unterliegt, können wir eine innere Haltung der Offenheit, des Nicht-Anhaftens an den Dingen kultivieren. Was auch immer geschieht, wir brauchen in der Regel nur abzuwarten und dem Prozess der Wandlung zuzuschauen.

DAS WISSEN UM VERGÄNGLICHKEIT UND KARMA

In unangenehmen Situationen können wir uns, statt uns in hoch emotionale Kämpfe zu verstricken und die Situation unnötig zu verschlimmern, einfach entspannen. Denn wir brauchen nichts weiter zu tun, als sie sich selbst zu überlassen. Früher oder später wird schließlich auch die schwierigste Situation vorbeigehen.

In angenehmen Situationen ist es ebenso hilfreich, sich ihrer grundlegenden Vergänglichkeit bewusst zu sein und diese von Herzen anzunehmen. Das schützt uns davor, enttäuscht zu werden und darunter zu leiden, wenn etwas zu Ende geht.

Entsagung und Gelassenheit

Aus diesem Wissen entsteht mit der Zeit eine innere Haltung der Entsagung. Keine Angst, Entsagung meint nicht sebstkasteiendes Asketentum – darin sah ja selbst Buddha keinen Sinn. Es geht vielmehr darum, nicht permanent aufs falsche Pferd zu setzen. Es bedeutet schlicht, dass wir uns nicht länger übermäßig anstrengen, dass Schönes in unserem Leben bleibt und Unangenehmes endlich daraus verschwindet. Wir hören auf, an allem kleben zu bleiben oder es wegzustoßen. Erst dann ist ein tiefes Loslassen oder schlicht ein tiefes Lassen möglich. Die berühmte Gelassenheit, die viele Menschen bei buddhistischen Lehrern so faszinierend finden, ist ein Resultat aus diesem Lassen. Gelassenheit bezeichnet den geistigen Zustand, wenn wir etwas bleiben lassen und es auch nicht mehr von Neuem aufnehmen. Wir lösen uns durch diese Entsagung nach und nach von all unseren emotionalen Verstrickungen, aus unseren Dramen und Vorstellungen davon, wer wir sind – und aus allen damit einhergehenden Prozessen von Selbstschutz, Wundenlecken, Verteidigung und Angriff – schlicht: aus unserem kompletten Leid- und Dramaprozess.

Ein mitfühlendes Herz entwickeln

Indem wir erkennen, wie wir unseren Dramen erliegen und wie viel Leid dabei entsteht, entwickeln wir nicht nur Weisheit, sondern auch ein mitfühlendes Herz. Auf dem buddhistischen Weg erwächst mit der Zeit die Fähigkeit, wirklich zu lieben und liebevoll, mitfühlend, weise, großzügig und freundlich in der Welt zu wirken.

So wie die Leiden erzeugende innere Haltung von Aggression, Selbstbezogenheit und Verschlossenheit mehr Leid hervorbringt, so wirkt sich andererseits die heilsame innere Haltung von Liebe, Mitgefühl und Großherzigkeit selbstbestärkend aus. Die Freude und die Qualitäten, die daraus entstehen, wachsen weiter und fördern sich gegenseitig. Es liegt an uns, welche Seite wir stärken wollen.

Übungen für den Alltag

Wenn Sie heute in ein Café gehen oder in der Mittagspause auf einer Bank sitzen, können Sie die Zeit gleich zum Beobachten und Nachspüren nutzen. Für die vorgeschlagenen Meditationen benötigen Sie fünf bis zehn Minuten möglichst ungestörten Rückzug. Die letzte Übung können Sie wieder einfach nebenher im Alltag anwenden.

Sich der Vergänglichkeit bewusst sein

Nichts ist beständig. Alles hat seine Zeit. Vieles braucht unseren Einsatz, damit es uns noch eine Weile erhalten bleibt, sei es Ihr Job, Ihr Auto oder Ihre Beziehung, die ohne Wertschätzung und Pflege den Bach hinuntergehen würden. Aber was auch immer Sie investieren, irgendwann werden Sie in Rente oder Pension gehen, wird Ihr Auto auf dem Schrottplatz landen und Ihre Beziehung enden – und sei es durch den Tod.

Wenn uns bewusst ist, dass alles vergänglich und endlich ist, schätzen wir einerseits das, was wir haben, viel mehr. So gelingt es uns vielleicht öfter, wirklich den aktuellen Augenblick ohne Wenn und Aber zu genießen. Andererseits kultivieren wir in diesem

Bewusstsein weiter unsere innere Haltung des Loslassens, der Offenheit, des Fließenlassens aller Phänomene. Machen Sie sich heute mit der Vergänglichkeit vertraut, indem Sie beobachten und nachspüren.

- Setzen Sie sich auf eine Bank oder in ein Café an einer belebten Straße. Beobachten Sie, wie der Verkehr an Ihnen vorüberfließt, Menschen an Ihnen vorbeilaufen, Geräusche kommen und gehen, sich vielleicht sogar das Wetter verändert.
- Seitdem Sie Platz genommen haben, sind unzählige Situationen aufgetaucht und wieder vergangen. Autos in unterschiedlichsten Farben und Formen sind an Ihnen vorbeigefahren. Hier können Sie gut beobachten: Geht das eine, ensteht wieder Platz fürs nächste. Wenn das nicht klappt, kommt es schnell zu einem Stau. Beobachten Sie diese Phänomene der offensichtlichen fließenden Vergänglichkeit.
- Bemerken Sie, ob Sie irgendwo kleben bleiben (vielleicht weil Ihnen ein Auto gefällt oder eine Person, die vorübergeht), und lösen Sie sich sofort wieder davon, indem Sie Ihre Aufmerksamkeit davon abziehen und sich wieder dem Gesamtgeschehen zuwenden.
- Bleiben Sie bei dieser Übung, so lange Sie mögen. Vielleicht können Sie das Gefühl mit nach Hause nehmen und den Menschen, Situationen und Gegenständen in Ihrem Alltag in den nächsten

Tagen im Wissen der Vergänglichkeit begegnen. Je weniger Sie mit Anhaftung oder Ablehnung reagieren, umso weniger schmerzt es Sie.

Übung in liebender Güte: Mitfühl-Meditation für sich selbst

Es ist nicht immer leicht, offen zu bleiben, wenn uns jemand zusetzt. Normalerweise reagieren wir mit Abwehr, wenn uns jemand nervt, oder werden sogar richtig wütend. Wie schnell eskaliert eine kleine harmlose Situation, nur weil uns der Ton von jemandem nicht gefällt oder weil wir den anderen missverstehen. Wie viel Leid, Schmerz und Verstrickungen entstehen dadurch! Das Gegenmittel ist die Übung in Mitgefühl und liebender Güte.

Doch wie werden wir mitfühlend? Hier kann uns eine kleine Meditation helfen. Setzen Sie sich dafür an einen ruhigen Ort und stellen Sie sich vielleicht vorher einen Kurzzeitwecker auf fünf bis zehn Minuten. Am besten machen Sie diese Meditation mindestens eine Woche lang täglich:

- Machen Sie es sich bequem und atmen Sie erst ein paar Mal ein und aus, um zur Ruhe zu kommen. Dann konzentrieren Sie sich auf Ihre Herzregion und werden sich bewusst, worunter Sie leiden. Lassen Sie es zu, fühlen Sie den Schmerz.
- Je mehr Sie sich von Ihrem eigenen Leid berühren lassen können, umso näher sind Sie bei sich

selbst. Außerdem bekommen Sie ein Gefühl dafür, wie andere Menschen sich fühlen, wenn es ihnen schlecht geht. Das ist Ihre Basis für wirkliches Mitgefühl: Ihr eigenes verwundetes Herz. Und genauso, wie Sie sich wünschen, frei von Leid zu sein, wünschen sich das auch andere.
- Aus diesem Wunsch heraus, dass Ihr Leid ein Ende haben möge, beginnen Sie innerlich, Wünsche für Ihr Wohlergehen zu formulieren, und leise und liebevoll zu sich hin zu sprechen:

Möge ich glücklich sein.
Möge ich gelassen sein.
Möge ich wirkliche Freude erfahren.
Möge ich in Sicherheit und Frieden leben.
Möge ich frei sein von Verletzung,
Angst und Leid.
Möge ich gesund und kraftvoll sein.

- Wünschen Sie, was immer Ihnen einfällt und stimmig erscheint. Auf diese Art und Weise üben Sie sich in Liebe und Mitgefühl für sich selbst.

Das Mitgefühl auf andere ausdehnen

Wenn Sie mit der ersten Meditation vertraut sind, können Sie diese auch auf nahestehende Menschen ausdehnen. Üben Sie wieder mindestens eine Woche fünf bis zehn Minuten lang.

- Stellen Sie sich vor, dass jemand, den Sie sehr gern haben und mit dem die Beziehung vollkommen unbelastet ist, Ihnen gegenübersitzt.
- Versetzen Sie sich in die Lage dieser Person (es darf auch Ihr Haustier sein!) und fühlen Sie sich in sie ein. Worunter mag sie wohl leiden?
- Lassen Sie sich davon berühren und dann, wenn der Wunsch in Ihnen aufsteigt, dass Ihr Gegenüber frei von diesem Leid sein möge, wenden Sie die gleichen Wünsche an, die Sie schon an sich selbst ausprobiert haben (siehe Seite 63), nur dass Sie sie jetzt an diese Person richten.
- Mit der Zeit können Sie die Übung sogar auf alle Lebewesen ausdehnen und auf die ganze Welt.

Übung der liebenden Güte im Alltag

Je mehr Sie sich mit den Meditationen vertraut gemacht haben, umso leichter wird es Ihnen fallen, diese Sätze und die innere Haltung des Mitgefühls und der liebenden Güte auch im Alltag, außerhalb eines formalen Übungsrahmens, an den Tag zu legen. Hierfür kleine Anregungen:

1. Wann immer Sie heute jemandem begegnen, ganz gleich, ob Sie ihn kennen oder nicht, wünschen Sie ihm in Gedanken: »Mögest du glücklich sein.«
2. Begegnen Sie heute einem Obdachlosen, der Sie vielleicht anbettelt, schauen Sie ihn an, wenn Sie ihm eine Münze geben, und formulieren Sie in-

nerlich einen freundlichen Wunsch, statt ihm das Geld schnell hinzuwerfen und sich abzuwenden.
3. Treffen Sie heute mit jemandem zusammen, der offensichtlich einen schlechten Tag hat, grüßen Sie ihn oder lächeln Sie ihn an. Mit diesem Lächeln wünschen Sie innerlich, was auch immer Ihnen passend erscheint, wie: »Möge sich dein Tag in Freude verwandeln«, »Mögest du gleich einen richtig guten Kaffee bekommen«, »Mögest du all das erhalten, was du dringend brauchst«.
4. Wenn Sie heute jemand anblafft oder anschreit, versuchen Sie, ruhig zu bleiben und sich in das Leid Ihres Gegenübers einzufühlen, denn Sie wissen ja, wie es sich anfühlt zu leiden. Bemühen Sie sich, ihn vom Herzen her zu verstehen, anstatt sich nur darum zu kümmern, sich zu verteidigen. So bleiben Sie offen und im Kontakt mit dem, was ist. Sie werden sehen, aus dieser Haltung werden viel heilsamere Lösungsprozesse erwachsen als aus einem Gegenangriff.

»Was immer an Freude ist in der Welt,
entspringt dem Wunsch für das Glück
aller anderen;
und was immer an Leiden ist in der Welt,
entspringt dem Wunsch nach nur dem
eigenen Glück.«

Shantideva

Rechte Rede

Mit Worten können wir gleichermaßen Leid wie Freude bewirken – je nachdem, wie wir sie einsetzen. Es gilt also, uns bewusst zu werden, wie wir sprechen, und eine heilsame Form der Rede zu finden.

Es gibt ganz konkrete unheilsame Arten, unsere Sprache einzusetzen, und zwar Lügen, Geschwätz, Verleumdung und harsche, verletzende oder entzweiende Rede. Heilsam wäre es, auf eine Art und Weise zu sprechen, die eine Atmosphäre des Wohlwollens, des Verständnisses, des Friedens, der Klarheit und der Freude schafft. Gar nicht so einfach, meinen Sie? Stimmt, durchaus ein anspruchsvolles Unterfangen, aber machbar.

VERANTWORTUNG ÜBERNEHMEN

Keine Sorge, Sie müssen jetzt nicht zu allem Ja und Amen sagen oder den Mund halten, wenn es Unstimmigkeiten gibt. Das ist ein häufiges Missverständnis. Vielmehr geht es darum, Verantwortung zu übernehmen, indem Sie sich, anstatt nur zu schimpfen, um eine für beide Seiten stimmige Lösung bemühen und auch mal eine versöhnlichere Sichtweise vertreten als Ihr Gegenüber. Es bedeutet auch, sich von Kantinen-Lästereien fernzuhalten, der mies gelaunten Kollegin freundlich einen guten Morgen zu wünschen oder auch ein sich aufschaukelndes Streitgespräch höflich, aber bestimmt zu beenden. Es besagt, sich darüber klar zu werden, was die eigenen Worte und unterschiedlichen Tonlagen auslösen.

Unsere Motivation überprüfen

Wenn wir lernen möchten, die richtigen Worte zur richtigen Zeit zu wählen, sollten wir auf unsere Motivation achten: Wollen wir eine angenehme, wohltuende Atmosphäre schaffen oder wählen wir bewusst verletzende Worte, um den anderen kleinzumachen und uns (kurzfristig) besser zu fühlen? Drücken wir uns klar aus oder wählen wir Formulierungen, die leicht missverstanden werden können, um uns nicht festlegen zu müssen?

> *»Mögen deine Worte passend und mäßig sein,*
> *klar und angenehm,*
> *in leisem und ruhigem Tonfall gesprochen,*
> *und mögen sie weder Hass noch Begierde zum Ausdruck bringen.«*
>
> *Shantideva*

Übungen für den Alltag

Wenn wir uns über unsere Mechanismen bewusst sind, kann Sprache wirklich viel Heilsames in uns und unserem Umfeld bewirken. Ebenso kann es manchmal sinnvoller sein, zu schweigen als zu reden. Beginnen Sie am besten gleich, einen wohltuenden Umgang mit Sprache zu üben.

DANKBARKEIT AUSDRÜCKEN

Wenn wir hauptsächlich über das sprechen, was wir nicht wollen, was wir nicht gut finden, was nicht funktioniert, was fehlt, nehmen wir irgendwann nur noch die Missstände wahr. Es geht im Buddhismus nicht darum, die Welt mit Zuckerguss zu glasieren, aber wie Sie schon aus dem ersten Kapitel wissen, verstärkt sich immer die neurologische Verschaltung in unserem Gehirn, der wir die meiste Aufmerksamkeit schenken und mit der wir uns besonders häufig beschäftigen.

Reden wir viel über Unangenehmes, so verstärkt sich die Wahrnehmung des Unangenehmen. Es wird also nicht besser, je mehr Sie darüber sprechen, ganz im Gegenteil, es verstärkt nur das Leid – so kann aus einer Mücke gleich ein Mammut werden.

- Experimentieren Sie heute mal damit, bewusst laut auszusprechen, was alles gut läuft, worüber Sie sich freuen, wofür Sie dankbar sind.
- Achten Sie dabei auf Ihre Gefühlslage und bemerken Sie auch, wie die Menschen in Ihrem Umfeld auf Ihr positives Feedback reagieren.
- Gewöhnen Sie sich an, mehr über das zu sprechen, was gut läuft und angenehm ist, als über das, was nicht funktioniert und Sie gerade auf die Palme bringt.

Erst sammeln, dann sprechen

Gehören Sie zu den Menschen, die erst reden und dann nachdenken? Entschlüpfen Ihnen schnell Worte, die Sie so gar nicht sagen wollten? Reden Sie sich dann, in der Hoffnung noch irgendetwas retten zu können, um Kopf und Kragen? Möchten Sie das gern verändern?

- Dann üben Sie sich heute darin, den auftauchenden inneren Impuls wahrzunehmen, etwas sagen zu wollen. Es mag am Anfang nicht ganz leicht sein, doch bemühen Sie sich weiter. Vielleicht bemerken Sie es erst, wenn Sie schon den Mund aufgemacht haben und die ersten Worte bereits herausgepurzelt sind. Egal, denn die erste Herausforderung, es überhaupt zu bemerken, ist gemeistert und Sie werden den Impuls mit wachsender Übung immer früher mitkriegen.

- Wenn Sie den Impuls, einfach drauflosauszusprechen, bewusst wahrnehmen können, üben Sie sich darin, für einen kurzen Moment innezuhalten, bevor Sie sprechen, und einmal tief ein- und auszuatmen. So unterbrechen Sie Ihre reaktive Gewohnheit, einfach loszusprudeln. Gewohnheiten sind nichts anderes als gut eingeübte Verhaltensweisen. Und diese können Sie – gänzlich unabhängig von Ihrem Alter – verändern, indem Sie eine andere Verhaltensweise einüben. Sie brauchen nur ein Quäntchen Geduld, Aufmerksamkeit, Beharrlichkeit und den festen Willen, es auch wirklich umzusetzen.
- Wenn Sie ein- und ausgeatmet haben, sammeln Sie sich und werden Sie sich darüber klar, was Sie sagen möchten und welche Worte in dieser Situation passend sind. Dann erst sprechen Sie. Diese Übung erfordert durchaus Disziplin, doch machen Sie sich immer wieder bewusst: Sie verhindern damit möglicherweise eine Menge Leid und Missverständnisse.

Zuhören statt reden

Zur rechten Rede gehört auch, unserem Gesprächspartner einfach nur zuzuhören und nicht schon, während er noch spricht, darüber nachzudenken, was wir jetzt Kluges beitragen könnten, oder ihn gleich mit diversen Ratschlägen zu bombardieren.

Vielleicht haben Sie sich beim Lesen gerade dabei ertappt, dass Sie üblicherweise auf die oben genannte Weise im Gespräch reagieren und lieber zu allem Ihren Kommentar abgeben, als einfach nur zuzuhören. In diesem Fall könnte diese Übung für Sie eine lohnende Herausforderung sein:

- Geben Sie heute den anderen Raum. Üben Sie sich darin, sich ganz auf die Worte Ihres Gegenübers zu konzentrieren. Bemerken Sie, wenn in Ihnen der Impuls aufkommt, etwas zu kommentieren, einen Rat zu geben oder über sich selbst zu reden. Üben Sie sich in Zurückhaltung! Ja, auch hier ist wieder ein wenig Disziplin gefragt. Doch Sie brauchen sich nur mal kurz in die Lage des Redners zu versetzen, um nachvollziehen zu können, wie nervig ständige Unterbrechungen und ungebetene Ratschläge sind.
- Wenn Sie bemerken, dass in Ihnen der Lösungsgenerator anläuft, unterbrechen Sie dies sofort und bringen Sie Ihre Aufmerksamkeit bewusst wieder zurück zu Ihrem Gegenüber. Wenn er fertig geredet hat, ist immer noch Zeit, die Frage zu stellen: »Möchtest du von mir etwas dazu hören?« Oder: »Möchtest du einen Rat von mir haben?« – Im Coaching und in der Beratung gibt es einen Grundsatz: Nichts geht ohne den Auftrag des Klienten. Wenn also Ihr Gegenüber Sie nicht explizit auffordert, zu dem, was er gerade erzählt

hat, etwas beizusteuern oder ihm etwas zu raten, sollten Sie dies besser bleiben lassen.
- Sie können ja auch nachfragen, was die andere Person möchte, ob sie einfach nur mal jemanden braucht, der zuhört, damit sie ihre Gedanken beim Sprechen sortieren kann, oder ob sie wirklich Unterstützung wünscht.

Klatsch und Tratsch vermeiden

Sie lieben es, mit Ihren Kollegen über andere zu tratschen? Sie meinen es nicht wirklich böse, es macht einfach nur Spaß und gibt so ein schönes Gemeinschaftsgefühl? Klatsch und Tratsch, Lästereien oder üble Nachrede gehören jedoch zu den unheilsamen Formen, Sprache zu gebrauchen. »Warum?«, mögen Sie sich fragen, »das ist doch lustig!« Humor jedoch ist, wenn wirklich alle daran Spaß haben und alle lachen können.

Vielleicht meinen Sie aber auch, dass es keiner mitbekommt und deshalb niemandem schadet. Doch! Sie bekommen es zum Beispiel mit. Es brennt sich in Ihren Geist und hinterlässt karmische Spuren, die Ihr weiteres Erleben prägen. Es beeinflusst all Ihre weiteren Handlungen und die aller Kollegen, die Ihre Worte mitbekommen haben. Die Person, über die gesprochen wurde, bemerkt es ebenfalls, allein dadurch, dass die anderen sich ihr gegenüber nicht mehr unvoreingenommen verhalten. Das kann zu

Missverständnissen und Mobbing führen und damit zu sehr viel Leid. Wenn Sie es ernst meinen, Ihre Füße auf den buddhistischen Pfad zu setzen, dann halten Sie sich aus Lästereien und Tratsch heraus.

- Üben Sie sich darin, an den Lästerrunden grundsätzlich nicht teilzunehmen. Verlassen Sie den Raum, sobald es losgeht.
- Wenn Sie selbstbewusst sind, steuern Sie der Läster-Gruppen-Dynamik aktiv entgegen: Wechseln Sie bewusst immer dann das Gesprächsthema, wenn der Tratsch beginnt. Erzählen Sie etwas Lustiges oder Spannendes oder stellen Sie Ihrem Gegenüber Fragen zu seiner Befindlichkeit oder seinen Freizeitaktivitäten.
- Achten Sie bewusst darauf, freundlich, wertschätzend und integer zu sprechen. Mit der Zeit wird sich Ihre Lästergewohnheit zurückbilden und Ihre Sprache wird mehr und mehr von Wohlwollen und Integrität geprägt sein. Man wird Ihnen gern zuhören und Ihnen mehr vertrauen, genauso wie Sie anderen Menschen mehr vertrauen werden.

Umgang mit Streit und Missverständnissen

Wenn Sie häufig Streit haben und nicht wissen, wie Sie den Disput in eine heilsame Richtung lenken können, kann auch hier die Übung der heilsamen Rede etwas für Sie (und alle Beteiligten) tun. Hier kommen die vier edlen Wahrheiten zusammen: Das Wissen darum, dass Leid da ist (sonst gäbe es keinen Streit), das Wissen darum, wie Leid entsteht, und zwar dadurch, dass wir etwas haben wollen, das wir nicht bekommen, oder etwas ablehnen, weil wir es anders haben möchten. Und schließlich das Wissen, dass sich das Leid auflösen lässt und es einen Weg dafür gibt. Was können Sie jetzt tun?

1. **Erkennen Sie an, dass die Situation mit Leid behaftet ist.** Steigern Sie sich jedoch nicht hinein. Es ist nur eine Bestandsaufnahme. Akzeptieren Sie, dass es ist, wie es ist!
2. **Hören Sie genau zu, was Ihr Gegenüber sagt.** Fragen Sie ruhig nach, wenn Sie etwas nicht verstanden haben. Bleiben Sie ruhig und atmen Sie tief durch. Es geht jetzt erst einmal nur darum, alle Fakten auf den Tisch zu bekommen, die zu dem Leid geführt haben. Fragen Sie nach, was Ihr Gegenüber ärgert, was er nicht versteht, was er gerne anders hätte, was er vermisst und haben möchte, was ihn leiden lässt. (Verzichten Sie auf die Frage »warum« – sie bringt keine echten Informationen, sondern nur Spekulationen, siehe auch Seite 77). Hören Sie sich alles an und unterbrechen Sie Ihr Gegenüber nicht mit Beschuldigungen oder einer Gegendarstellung. Es geht nicht darum, zu kämpfen, sondern die Situation auf heilsame Weise zu klären.

3. **Üben Sie sich in Mitgefühl:** Fühlen Sie sich in das Leid Ihres Gegenübers ein. Sie wissen aus eigener Erfahrung, wie es sich anfühlt, unzufrieden zu sein, nicht verstanden zu werden. Signalisieren Sie, dass Sie Ihr Gegenüber verstehen, dass Sie bei ihm sind und dass Sie nachempfinden können, was er gerade fühlt. Machen Sie das aufrichtige Angebot, gemeinsam zu schauen, wie die Situation für beide Seiten zufriedenstellend geklärt werden kann. (Allein dieser Punkt wirkt schon häufig Wunder und entspannt die Lage.)

4. **Bringen Sie nun Ihre Sicht der Situation ein:** Sprechen Sie dabei aus der »Ich«-Position heraus, statt aus der verallgemeinernden »Wir«- oder »Man«-Position. Reden Sie darüber, was Sie beobachtet haben, was Sie sich wünschen, was Sie ärgert, ängstigt, was Sie nicht verstehen und so weiter. Auch hier bitte keine »Warum«-Frage. Sprechen Sie dann unbedingt auch an, was Ihnen gefällt und gut läuft (es funktioniert meistens mehr, als uns bewusst ist). Das entspannt das Stresszentrum im Gehirn, beruhigt und lässt uns die Situation im Ganzen klarer erkennen. Je gestresster wir sind, umso eingeschränkter ist unsere Wahrnehmung und wir sehen nur noch das Negative.

5. **Fragen Sie nach Wünschen und Lösungen:** Fragen Sie Ihr Gegenüber zuerst, was er sich konkret wünscht und auf welche Weise dies auf den

Weg gebracht werden könnte. Äußern Sie dann ebenfalls Ihren Wunsch und Ihre Idee, wie das Gewünschte umgesetzt werden könnte. Überlegen Sie nun gemeinsam, wie viel von Ihren Wünschen Sie sich gegenseitig erfüllen möchten und wie Sie das tun wollen. Halten Sie dabei Ihr Mitgefühl und eine wertschätzende innere Haltung aufrecht. Bewahren Sie einen freundlichen, ruhigen Ton und wählen Sie freundliche, lösungsorientierte Worte.

Die Warum-Frage
Wer wo was wann gesagt oder getan hat, ist meistens noch nachvollziehbar, weil wir uns erinnern oder es nachprüfen können. Sobald es aber um Beweggründe und Ähnliches geht, geraten wir normalerweise in den Bereich der Spekulation. Die Frage nach dem Warum bringt unser Gehirn auf Suchkurs und wir fangen an zu grübeln, ohne eine objektive Wahrheit zu erkennen.
Da unser Gehirn aber immer anstrebt, eine Lösung zu finden, bieten uns unsere grauen Zellen vor lauter Verzweiflung schließlich einen möglichen Grund an, der uns persönlich plausibel erscheint, jedoch nicht einer objektiv beobachtbaren Tatsache entspricht. Das Hirn gaukelt uns also nur eine Lösung vor, die zu zahlreichen Missverständnissen führen kann.

Rechte Handlung

In diesem Kapitel gilt es, unsere Handlungen im Alltag zu überprüfen. Ist das, was wir tun, heilsam und fügt möglichst niemandem Schaden zu? Achten wir darauf, auch uns selbst kein Leid zuzufügen?

Da Sie nun schon einige Erkenntnisse darüber gesammelt haben, wie Leid entsteht, dürfte es Ihnen bereits relativ leichtfallen, Ihren Handlungen eine heilsame Ausrichtung zu geben. Denn mittlerweile wissen Sie ja, dass alles, was Sie an Destruktivität an den Tag legen, auch Leid in Ihnen erzeugt. Doch was bedeutet rechtes Handeln konkret?

INNERE STÄRKE FÖRDERN

Heilsam zu handeln bedeutet zum einen, auf alles zu verzichten, was Leid verursacht, wie zu töten, zu stehlen, zu lügen und so weiter. Und darüber hinaus solche Handlungen zu verstärken, die heilsam wirken. So können wir zum Beispiel dafür sorgen, dass andere Menschen Entlastung, Pflege, Essen, Bildung oder Schutz erhalten. Besonders die letztere Form der Unterstützung beschränkt sich jedoch nicht nur auf Menschen, sondern richtet sich auf alle Lebewesen – Hund, Maus, Ameise, Spinne, Fliege –, ganz gleich, ob wir sie leiden können oder nicht. Denn eines verbindet uns alle, Mensch genauso wie Mücke: die Angst davor, das eigene Leben zu verlieren. Wenn uns das bewusst ist, werden wir nicht mehr gedankenlos ein unliebsames Tierchen erschlagen. Und wir werden darauf achten, unser Ökosystem zu schützen, und mit den Energieressourcen respektvoll umgehen.

Vertrauen schaffen

Heilsame Handlungen zu kultivieren ist ein Akt der Liebe, der Großzügigkeit und des Mitgefühls. Mit der Zeit erscheint uns unser Leben freudvoller und sinnvoller. Es entstehen mehr Verbundenheit und Vertrauen, die wiederum auf unser Umfeld abfärben. In dem Maße, wie wir uns konsequent bemühen, heilsam zu handeln und Unheilsames zu unterlassen, entwickeln wir innere Stärke. So werden wir auch für andere vertrauenswürdig.

> *»Ganz gleich, wie viele heilige Worte du liest,*
> *ganz gleich, wie viele du sprichst –*
> *was für einen Wert haben sie für dich,*
> *wenn du nicht nach ihnen handelst?«*
>
> *Dhammapada*

Übungen für den Alltag

Die rechte Handlung lässt sich wunderbar mit den vielfältigsten Aktivitäten unseres Alltags üben, ohne dass es extra Zeit kostet oder künstlich wirkt.

Großzügigkeit üben

Üben Sie sich heute darin, etwas zu verschenken. Diese Übung schafft nicht nur Freude bei Ihnen und Ihrem Umfeld, sondern stärkt auch Ihre Verbundenheit mit Ihrer Umgebung und öffnet das Herz. Hier ein paar Beispiele:

- Bringen Sie Ihrer Kollegin spontan ein Blümchen oder ein Stück Kuchen aus der Pause mit.
- Helfen Sie einer Person am Parkscheinautomaten mit Kleingeld aus.
- Fragen Sie Ihre gestresste Nachbarin, ob Sie ihr etwas aus dem Supermarkt mitbringen können, damit sie sich den Weg sparen kann.
- Verschenken Sie Ihre Zeit, indem Sie Ihrer Freundin mal die Kinder abnehmen und etwas mit ihnen unternehmen.
- Schenken Sie anderen Menschen ein Lächeln, beispielsweise wenn Sie jemandem eine Tür aufhalten oder auf dem Flur begegnen.

Leben schützen

Wie oft erschlagen wir Insekten, die sich in unsere Wohnung verirrt haben – besonders wenn wir sie »eklig« finden. Doch es geht auch anders.

- Achten Sie heute bewusst darauf, kein Lebewesen zu schädigen oder gar zu töten. Wenn sich Fliegen oder Spinnen in Ihre Räume verirrt haben, nehmen Sie ein Glas und eine Postkarte. Fangen Sie sie damit lebend ein und helfen Sie ihnen wieder ins Freie. Durch Fliegengitter an den Fenstern können Sie unerwünschtem Besuch auch vorbeugen.
- Achten Sie beim Spazierengehen auf den Weg, damit Sie nicht auf Käfer oder Schnecken treten.

Fremde Beziehungen stärken

In der heutigen Zeit lassen sich sehr viele Menschen scheiden. Wir sind offensichtlich zu einer Wegwerfgesellschaft geworden, die nicht nur Taschen und Turnschuhe in Windeseile wechselt, sondern auch den Partner. Viele geben als Grund an, dass sie sich auseinandergelebt haben, und nicht selten ist einer bereits fremdgegangen. Auf beiden Seiten entstehen tiefe Verletzungen und großes Leid – und ebenfalls bei Kindern, Freunden und Eltern.

- Üben Sie sich darin, in Beziehungskonflikten, die an Sie herangetragen werden, vermittelnd und stärkend zu wirken.

- Ergreifen Sie keine Partei für eine Person, sondern üben Sie sich in Offenheit und machen Sie sich klar, dass es auf beiden Seiten Leid gibt. Helfen Sie, dieses Leid zu vermindern, indem Sie versuchen, Missverständnisse zu klären, Lösungen zu finden und Streit zu schlichten.

Die eigene Beziehung pflegen

Wenn Sie selbst in einer Beziehung leben, nehmen Sie diese nicht als selbstverständlich hin, auch wenn Sie schon länger liiert sind. Pflegen Sie sie. Sie ist kostbar!

- Sagen Sie Ihrem Partner heute ganz bewusst (und gern auch an jedem weiteren Tag Ihres gemeinsamen Lebens), dass Sie ihn lieben, und zeigen Sie ihm dies auch durch kleine nette Gesten, wie eine innige Umarmung, einen Kuss oder liebevolle Worte und Komplimente.
- Über das Heute hinaus: Sorgen Sie regelmäßig für gemeinsame »Quality-time«, in der Sie miteinander sprechen oder etwas unternehmen.
- Weichen Sie Konflikten nicht aus, indem Sie Bestätigung oder Trost in den Armen oder im Bett einer anderen Person suchen. Bemühen Sie sich stattdessen, Ihre Probleme und Konflikte zu klären, wenn nötig auch mithilfe von professioneller Begleitung. Vergänglichkeit macht auch vor Beziehungen nicht halt. Wir verändern uns dauernd.

Nur wenn wir im Kontakt und im Austausch mit unserem Partner bleiben, können wir uns wirklich miteinander entwickeln und wachsen.

Das Eigentum anderer respektieren

Achten Sie heute darauf, dass Sie nichts nehmen, das Ihnen nicht gegeben wurde. »Ich klau doch nicht!«, mögen Sie jetzt vielleicht protestieren. Doch es ist schneller geschehen, als gedacht.

Ohne groß darüber nachzudenken, nehmen wir uns beispielsweise eine der kleinen Pralinen, die unsere Kollegin auf dem Schreibtisch liegen hat. Und dabei haben wir sie gar nicht vorher gefragt, ob sie damit einverstanden ist. Und wie schnell kopieren wir uns mal eben von einer Freundin ein paar Lieder, statt uns die CD selbst zu kaufen. Dies fügt nicht nur der Musikindustrie Schaden zu, sondern wir entziehen unserem Lieblingsmusiker damit einen Teil seiner Existenzgrundlage. Das schafft Leid und hinterlässt somit negative karmische Spuren in unserem Geist, die wiederum irgendwann leidvolle Auswirkungen auf unser Leben haben.

- Üben Sie sich darin, bewusst zu fragen, wenn Sie etwas nehmen möchten, und erst dann zuzugreifen, wenn Sie die Erlaubnis haben. Bis dahin halten Sie sich zurück. So schaffen Sie klare Verhältnisse und werden auch immer weniger erleben, dass andere Ihnen etwas wegnehmen.

- Sollte es doch einmal passieren, dass jemand Ihnen absichtlich oder unabsichtlich etwas entwendet hat, können Sie die andere Person vor den vollen karmischen Auswirkungen ihres negativen Verhaltens schützen. Schenken Sie ihr im Geiste einfach die entwendeten Dinge von Herzen (Sie wissen ja selbst, wie so etwas manchmal einfach geschieht). Das ist eine Übung in Mitgefühl und Großzügigkeit.

Ressourcen schonen

Indem Sie Ihre Besitztümer pflegen, wertschätzen Sie die verwendeten Ressourcen und die Arbeit, die jemand investiert hat, damit Sie Kleidung, Essen, Möbel, eine Wohnung oder ein Auto haben. All diese Dinge haben eine lange Produktionsgeschichte. Nichts, was wir heute benutzen, ist einfach so entstanden. Alles hat nicht nur Geld, sondern auch Energie gekostet. Diese Energie ist immer noch in den Gegenständen vorhanden. Rangieren wir sie einfach achtlos aus, werfen wir auch die Energie weg, die sie gekostet haben.

Angewandter Buddhismus bedeutet, sich darin zu üben, die Dinge des täglichen Lebens mit Wertschätzung zu behandeln, zu pflegen und zu erhalten und auf diese Weise die Ressourcen unseres Planeten zu schonen. Wie Sie das in Ihrem Leben umsetzen können? Schon in ganz kleinen alltäglichen

Situationen. Schauen Sie einfach, was für Sie gerade möglich und stimmig ist. Es geht nur darum, zu üben, ab und zu innezuhalten und etwas genauer hinzusehen, wie wir unseren Alltag gestalten.

- Achten Sie beispielsweise beim Einkaufen darauf, nur die Menge an Lebensmitteln einzupacken, die Sie auch wirklich essen werden. Wenn Sie doch zu viel eingekauft haben, verschenken Sie die Sachen, bevor sie schlecht werden.
- Kaufen Sie auch öfter mal regionale Produkte, denn dabei wird weniger Transportenergie verbraucht und Sie unterstützen damit die Bauern in Ihrer Umgebung.
- Überprüfen Sie immer mal wieder für sich, wie häufig Sie Fleisch essen und ob das wirklich jedes Mal sein muss – kommt es nur aus Gewohnheit auf den Tisch oder haben Sie wirklich Lust darauf? Wenn Sie Fleisch essen möchten, kaufen Sie solches, das aus artgerechter Haltung kommt – wenn möglich in Bioqualität. Lassen Sie es wieder zu etwas Besonderem werden.
- Wenn Sie sich Kleidung oder Schuhe kaufen, achten Sie auf gute Qualität. Die Sachen halten länger und Sie schonen damit langfristig Ihren Geldbeutel, verbrauchen weniger Ressourcen und erzeugen weniger Müll.
- Ist es Ihnen möglich, Ihren Abfall zu trennen? Auch wenn ab und zu mal die Bequemlichkeit

zuschlägt, trennen Sie, so weit es geht, Papier, Glas und Verpackungsmüll und werfen Sie alles in die entsprechenden Container. Vielleicht können Sie ja sogar organische Abfälle kompostieren. Das reduziert das Volumen des Restmülls und gibt guten Dünger für Ihre Garten- oder Balkonerde, aus dem Ihre Pflanzen wieder Nahrung gewinnen können. So finden die meisten Rohstoffe in den Kreislauf zurück und können wiederverwendet werden.
- Vielleicht spielen Sie auch schon seit Längerem mit dem Gedanken, auf Ökostrom umzustellen. Überwinden Sie sich, die entsprechenden Formulare auszufüllen, denn dann können Sie Strom aus natürlichen Ressourcen wie Wind-, Sonne- und Wasserkraft nutzen.
- Versuchen Sie, daran zu denken, nur in den Räumen das Licht einzuschalten, in denen Sie sich aufhalten, und es wieder auszuschalten, sobald Sie den Raum verlassen.

»Wenn sehr viel mehr Menschen die Natur ihres Geistes kennen würden,
wäre ihnen auch die wunderbare Natur der Welt bewusst, in der sie leben,
und sie würden mutig und bestimmt für ihren Schutz eintreten.«

Sogyal Rinpoche

Rechter Lebenserwerb

Ein wichtiger Schritt auf unserem buddhistischen Weg stellt die Überprüfung dar, womit wir eigentlich unseren Lebensunterhalt verdienen. Denn auch im Erwerbsleben geht es darum, möglichst nichts zu tun, was uns und andere schädigt.

Aus buddhistischer Sicht gibt es unheilsame und heilsame Berufe. Traditionell gelten im Buddhismus der Handel mit Waffen, mit Lebewesen (Stichwort: Sklaverei, Prostitution, Pelzhandel), der Handel mit Fleisch und Fisch sowie mit Drogen und Gift als unheilsam. Wettgeschäfte und Glücksspiel gehören ebenfalls dazu.

Zum heilsamen Broterwerb zählen dagegen helfende und heilende Berufe wie Altenpfleger, Arzt, Hebamme, Therapeut, Sanitäter, Krankenpfleger oder Apotheker – aber auch solche, die Bildung vermitteln wie Lehrer, Ausbilder, Kindergärtner … und all die anderen Berufe, in denen wir die Welt und ihre Bewohner unterstützen. Das kann als Förster, Polizeibeamter oder Straßenfeger sein.

Auch wenn Sie nicht in einem der oben genannten
Berufe arbeiten, können Sie sich ehrenamtlich für
eine heilsame Sache engagieren oder einfach Ihren
Alltag achtsam und bewusst gestalten. Was auch
immer Sie tun, Ihre Motivation ist entscheidend.
Denn wenn Sie eine heilsame Beschäftigung nur
ausüben, weil Sie sich Macht oder Ansehen davon
versprechen, wird daraus eine unheilsame Tätigkeit mit negativen Auswirkungen.

DIE INNERE HALTUNG

Im buddhistischen Alltag wird alles zu buddhistischer Praxis. Ob Sie meditieren, putzen oder ein
Auto reparieren, es macht keinen Unterschied.
Der Unterschied zu einem gewöhnlichen Alltag
besteht ausschließlich in Ihrer inneren Haltung.
Wenn Sie alles, was Sie tun, mit Liebe und zum
Wohle aller ausführen, wird aus der einfachsten
Bürotätigkeit in einem stillen Kämmerlein eine
heilsame Handlung. Denn alles ist unweigerlich
miteinander verbunden!

>»Unterschätzt niemals die kleine gute Tat,
> indem ihr glaubt, sie würde nicht viel helfen,
> denn Wassertropfen können
> einer nach dem anderen im Lauf der Zeit
> selbst einen großen Topf anfüllen.«
> *Patrul Rinpoche*

Übungen für den Alltag

Verantwortungsvoll und integer zu handeln, darauf zu achten, weder uns selbst noch jemand anderem zu schaden – das können Sie ganz nebenbei in Ihrem Alltag üben. Das Einzige, was Sie bei den folgenden Übungen in Kopf und Herz zu behalten brauchen, ist eine heilsame innere Einstellung.

Buddhistischer Broterwerb

Sie können selbst die einfachste Handlung buddhistisch »tunen«. Seien Sie sich bewusst, dass Ihre Arbeit einen Teil zum großen Ganzen beiträgt und andere darin unterstützt, ihren Teil beizutragen.

- Was auch immer Sie heute tun, tun Sie dies in einer inneren Haltung der Präsenz, Aufrichtigkeit, Fürsorge, Liebe und Großzügigkeit: ganz egal, ob Sie telefonieren, beraten, einen Bus fahren, Akten sortieren oder die Buchhaltung machen.
- Stellen Sie sich einfach vor, dass Sie Ihren Kollegen die Arbeit erleichtern, wenn Sie Ihre so gut wie möglich erledigen. Auf diese Weise kann der eine oder andere vielleicht auch mal früher in den Feierabend gehen und wird endlich wieder mehr Zeit für den Partner oder die Kinder haben.

- Denken Sie aber auch an sich selbst. Wenn Sie rechtzeitig Feierabend oder eine Pause machen, tun Sie nicht nur sich, sondern auch der Gemeinschaft etwas Gutes. Denn nur so erhalten Sie Ihre Gesundheit und Ihre Fähigkeit, in der Welt positiv zu wirken. Wie Sie wissen, hat Buddha seine Askese unterbrochen, als er erkannte, dass er auf dem Weg zur Erleuchtung die Grundbedürfnisse seines Körpers nach Essen, Schlaf, Kleidung und Ruhe nicht vernachlässigen durfte. Dies sollten auch Sie immer im Auge behalten.

Buddhistische Hausarbeit

Leid entsteht immer dann, wenn wir etwas anders haben wollen, als es nun mal ist. Vielleicht sind Sie Hausfrau oder -mann oder müssen nach der Arbeit noch die Hausarbeit erledigen. Wenn Sie sich darüber ärgern und versuchen, alles so schnell wie möglich hinter sich zu bringen, weil Sie jede Minute Putzen, Bügeln oder Saugen als verschwendete Lebenszeit ansehen, werden Ärger und Frust nur immer größer. Stattdessen können Sie das Ganze auch als buddhistische Übung ansehen.

- Üben Sie sich heute darin, alle notwendigen Alltagsaufgaben in einer heilsamen inneren Haltung auszuführen. Das ist angewandter Buddhismus. Wischen Sie Staub in der inneren Haltung von Wertschätzung für den Gegenstand, den Sie gerade säubern, und die Arbeit, die in ihm steckt. Räumen Sie in der inneren Haltung von Fürsorge auf, damit Sie und Ihre Familie ein wohnliches Zuhause haben. Putzen Sie die Treppe im Hausflur in der inneren Haltung von Großzügigkeit, Freundlichkeit und Fürsorge, damit Ihre Nachbarn sich an der Sauberkeit erfreuen können und die Treppe noch lange erhalten bleibt und genutzt werden kann.

- Achten Sie darauf, was sich durch diese neue Haltung und die Tatsache, Ihre Tätigkeiten als buddhistische Übung anzusehen, verändert. Wahrscheinlich empfinden Sie anfänglich erst einmal Widerstand, etwa weil Sie der Meinung sind, Ihr Partner könnte schließlich auch mal mithelfen. Es ist also auch eine Übung, um den eigenen Stolz zu überwinden, die Ego-Zentriertheit, die sich zum Beispiel in Gedanken ausdrückt wie: »Immer bin ich hier die Blöde, die putzt, kocht, einkauft ...!«

Dienen üben

Wo auch immer wir arbeiten: Indem wir die Dinge unseres täglichen Lebens in einer Haltung von Großzügigkeit und Fürsorge tun, dienen wir einander. Dieses Dienen hat nichts Unterwürfiges. Es ist vielmehr ein Akt der Liebe und Fürsorglichkeit. Es löst uns aus unserem Ich-Stolz, der uns in unserem engen Ich-Kosmos gefangen hält und alles als Bedrohung oder Belastung ansieht, was unsere Kraft, Ruhe und Person schädigen könnte.

- Kultivieren Sie eine offene, freundliche innere Haltung und versuchen Sie, die Dinge für die Welt, für Ihren Nachbarn, Ihren Kollegen, Ihren Partner, Ihr Kind oder jemanden, den Sie noch nicht einmal gut kennen, zu tun. Dies fördert in Ihnen die Freude und das Gefühl, mit allen verbunden zu sein und zu einem großen Ganzen zu gehören. Sie werden Teil einer heilsamen Ursache und ihrer Auswirkungen, was wiederum auch Ihnen selbst zugutekommt, ohne dass Sie extra etwas dafür zu tun brauchen.
- Achten Sie heute besonders darauf, wie Sie in Ihrer Partnerschaft oder Familie miteinander umgehen. Sehr häufig kommt der Satz: »Immer muss ich dir die Sachen hinterherräumen!« Ihre buddhistische Übung ist es, das alltägliche Saubermachen und Aufräumen als Akt der Großzügigkeit und liebevollen Fürsorge anzusehen und es aus dieser Haltung heraus einfach zu tun. Wichtig ist, dass Sie Ihrem Partner oder Kind danach weder einen Vorwurf machen noch großes Lob oder ewige Dankbarkeit erwarten.
- Bemühen Sie sich jeden Tag aufs Neue, wie ein echter Dharma-Praktizierender zu wirken, also wie jemand, der die Lehren Buddhas umsetzt.

Das bedeutet, dass Sie schlicht und unauffällig handeln und das, was Sie tun, nicht an die große Glocke hängen. Das ist besonders am Anfang nicht leicht, aber Sie werden bald merken, dass Sie dabei nicht zum »Depp vom Dienst« werden, sondern dass sich wie von selbst das Klima für alle Beteiligten zum Positiven hin verändert.

Stolz führt zu Leid

Stolz ist eines der größten Hindernisse auf dem Weg zur Befreiung von Leid. Diese »Ich-bin-wichtig-Haltung« sorgt dafür, dass wir uns nur um uns selbst drehen. Aus Stolz verschließen wir uns vor anderen, greifen sie an oder trampeln auf deren Leistung herum. Kurz: Wir tun anderen weh, nur um irgendwie gut dazustehen. Dabei fügen wir uns mit diesem Verhalten selbst mindestens ebenso viel Leid zu.

Stolz ist nicht zu verwechseln mit echter Freude über etwas, das man getan hat. Das lässt sich gut unterscheiden, wenn wir in uns hineinspüren: Wenn uns etwas wirklich gut gelungen ist und wir uns aufrichtig darüber freuen, sind wir vom Gefühl her weit und offen. Stolz fühlt sich dagegen eher eng an und es schwingt Furcht mit, dass unsere Handlung nicht anerkannt werden könnte, sowie Ärger, wenn die erbrachte Leistung nicht gesehen oder wertgeschätzt wird.

Engagierter Buddhismus

Nur Ihre innere Haltung zu Ihrem Bürojob zu verändern erscheint Ihnen zu wenig? Sie möchten mehr bewirken? Dann kann es für Sie eine Möglichkeit sein, sich ehrenamtlich zu engagieren. Viele Dharma-Praktizierende tun dies. Warum also nicht auch Sie? Schieben Sie Ihren Wunsch nicht auf. Das Leben ist flüchtig und verrinnt ungenutzt, wenn Sie nicht aktiv werden. Beginnen Sie heute!

- Nehmen Sie sich heute je nach Möglichkeit eine halbe bis ganze Stunde Zeit. Werden Sie sich darüber klar, was Sie gerne machen möchten und welche Fähigkeiten Sie haben.
- Schreiben Sie eine Liste mit allem, was Ihnen spontan dazu einfällt (Sie können die Liste jederzeit ergänzen). Was haben Sie gelernt, welche Fertigkeiten haben Sie erworben, was für Talente sind seit jeher vorhanden? Vielleicht haben Sie ein Händchen fürs Organisieren oder sind sehr einfühlsam und können gut zuhören? Vielleicht arbeiten Sie gern mit Menschen oder es liegen Ihnen eher Pflanzen oder Tiere am Herzen. Sie können in jedem Bereich, der Ihnen lieb ist, aktiv werden, ganz gleich ob Sie Vorerfahrungen haben oder nicht. Hauptsache, Sie haben Interesse.
- Schreiben Sie alles auf, was Ihnen einfällt. Dann erkundigen Sie sich im Internet oder im Bürgerbüro Ihrer Stadt, welche Möglichkeiten es in Ihrem

direkten Umfeld gibt. Vielleicht freut sich die Öko-Station, wenn Sie bei der Apfelernte oder der Pflege des Umweltgartens oder des Naturschutzgebietes mithelfen. Das Bürgerzentrum Ihres Wohnortes organisiert möglicherweise die Unterstützung älterer Mitmenschen im Haushalt oder die Betreuung von Grundschulkindern bei den Hausaufgaben oder beim Lesenlernen. Auch das Tierheim freut sich immer über Futterspenden und Menschen, die die Hunde spazieren führen. Ihnen fallen ganz bestimmt noch viel mehr für Sie passende Möglichkeiten ein, sich zu engagieren, sei es durch Taten oder durch Sach- und Geldspenden.
- Gehen Sie es einfach an, jetzt! Das bewirkt heilsame Eindrücke im Geist und Sie schaffen Glück und Wohlergehen. Auch wenn Sie nicht die ganze Welt retten werden, so können Sie doch im Kleinen schon sehr viel bewirken. Wenn jeder sich ein wenig engagiert, entsteht aus den vielen kleinen Aktivitäten großes Wohlbefinden.

Einfach mitmachen

Der engagierte Buddhismus wächst gerade zu einer echten Bewegung heran. Wenn es Ihnen schwerfällt, alleine aktiv zu werden, machen Sie in bereits bestehenden Projekten mit. Websites zu solchen Projekten finden Sie auf Seite 143 im Anhang.

Rechte Anstrengung

Im Alltag passiert es ganz schnell, dass wir wieder in unsere alten destruktiven Gewohnheiten zurückfallen. Durch die rechte Anstrengung bemühen wir uns jedoch immer wieder, auf den Pfad Buddhas zurückzufinden.

Wahrscheinlich haben Sie bereits gemerkt, dass es auch bei aller Erkenntnis und Sinnhaftigkeit, die hinter den Worten Buddhas stecken, nicht immer leicht ist, auf dem rechten Weg zu bleiben. Das Wort für Anstrengung im Sanskrit, der alten Schriftsprache, in der ein Teil von Buddhas Lehren aufgeschrieben wurde, lautet »Virya«. Es kann übersetzt werden mit Energie, Ausdauer, kraftvolle, nachhaltige Anstrengung oder auch mit »Heldentum«. All diese Worte zusammengenommen treffen auf den Punkt, was für einen Enthusiasmus und für eine Entschlossenheit wir oft an den Tag legen müssen, um auf dem buddhistischen Weg zu bleiben und nicht in alte Gewohnheiten zurückzufallen. Wie wir schon bei der Geschichte Buddhas gesehen haben, ist Erleuchtung nicht gerade ein einfacher, entspannter Spaziergang, sondern meist harte Arbeit. Die Übung des buddhistischen Weges konfrontiert uns oft mit unbequemen Situationen und mit Aspekten in uns selbst, vor denen wir wohl lieber die Augen verschließen würden. Statt ruhig und gelassen zu bleiben, ärgern wir uns vielleicht schon den ganzen Tag maßlos über eine Entscheidung unseres Chefs. Statt unserem Kind beim Frühstück liebevoll und aufmerksam zuzuhören, sind wir kurz davor, vor lauter Ungeduld aus der Haut zu fahren, weil wir schließlich rechtzeitig zur Arbeit aufbrechen müssen und so viel anderes im Kopf haben. Doch vielleicht bemerken Sie bereits, seit Sie die Übungen im Buch machen, dass Sie gerade nicht sehr heilsam reden und handeln. Das ist schon ein großer Fortschritt!

MIT STÖRGEFÜHLEN UMGEHEN

Störgefühle können Hindernisse auf dem Weg sein, weil sie uns ganz schnell destruktiv agieren lassen. Das nennt man im buddhistischen Fachterminus »emotionale Verblendung«.
Buddha hatte, als er in der Meditation unter dem Baum saß, erkannt, dass es darum geht, Störgefühle wie Zorn, Hass, Wut, Begierde, Ablehnung ... wahrzunehmen und zu lernen, sie zu beruhigen, statt sie ausufern zu lassen, auszuagieren oder in sich hineinzufressen. Das ist manchmal ganz schön

schwierig. Doch wir können lernen, geschickt mit den Hindernissen umzugehen, indem wir

1. uns grundsätzlich bemühen, uns so gut wie möglich davor zu schützen, in unheilsame Zustände wie Wut, Angst oder Verlangen zu kommen (siehe Seite 105 und 107),
2. die Situation nicht weiter eskalieren lassen, wenn wir bereits wütend, ängstlich oder gierig sind, sondern uns bemühen, uns wieder zu beruhigen (siehe Seite 104),
3. in uns Qualitäten wie Liebe, Mitgefühl, Weisheit, Geduld, Offenheit sowie Großzügigkeit entwickeln und sie als Gegenmittel anwenden (siehe Seite 105) und
4. die Qualitäten, die schon in uns vorhanden sind, weiter stärken und alles unterlassen, was sie schwächt.

Was passiert bei emotionaler Verblendung?
Wenn wir zornig oder ängstlich sind, ist dies darauf zurückzuführen, dass uns gerade Stresshormone durchfluten. Diese Hormone verändern die Wahrnehmung sowie das Denken und lassen Situationen bedrohlicher erscheinen, als sie tatsächlich sind. Gleichzeitig veranlassen Stresshormone in uns eine natürliche Angriffs- oder Fluchtaktivität. Wenn die Hormone abgebaut sind, sieht alles meist wieder freundlicher aus.

Übungen für den Alltag

Wenn wir aufgrund von Stresshormonen und den damit einhergehenden Emotionen die Wirklichkeit nur noch verzerrt wahrnehmen, ist der gute alte Rat, erst einmal bis zehn zu zählen oder die Situation zu überschlafen, bevor wir handeln, äußerst sinnvoll. Denn wer hat nicht schon einmal seine in der Wut gesagten Worte oder impulsiv getroffenen Entscheidungen am nächsten Morgen bereut! Wenn wir durch Übung im Alltag lernen, das Aufwallen der Stör-Emotion zu bemerken und erst einmal abzuwarten, bis sich die Wogen geglättet haben, können wir viel Leid bei uns und anderen vermeiden.

Sich der Emotionen bewusst werden

Um auf dem Pfad Buddhas zu bleiben, ist es wichtig, dass Sie sich Ihrer emotionalen Regungen bewusst werden und mit ihnen umgehen lernen. Ausagieren ist nicht immer das beste Mittel, denn es erzeugt häufig noch mehr Leid. Die Hoffnung, dass danach alles raus ist und wir uns daher besser fühlen, trifft in den wenigsten Fällen zu. Meist sind die emotionalen Verwicklungen größer und die negativen karmischen Eindrücke stärker geworden.

- Üben Sie sich heute darin, Ihre emotionalen Regungen bewusst wahrzunehmen – möglichst schon im Entstehen, noch bevor die ganze Wucht der Emotion über Sie hereinbricht.
- Wenn Sie erst im Nachhinein bemerken, wie wütend oder zornig Sie zum Beispiel waren und mit Schrecken feststellen, was Sie angerichtet haben, dann seien Sie gnädig mit sich. Wichtig ist, dass Sie es überhaupt wahrnehmen und vor sich selbst eingestehen, denn nur dann können Sie auch etwas ändern.
- Setzen Sie sich hin oder gehen Sie spazieren und schauen Sie sich das Geschehnis in der Retrospektive noch mal an. Wie hat es angefangen, was ist dann passiert? Was für Körperempfindungen haben Sie registriert oder registrieren Sie jetzt, wenn Sie wieder daran denken? Entsteht vielleicht Spannung in den Armen und Schultern, in den Kiefermuskeln oder den Händen? Klopft Ihr Herz stärker? Fangen Ihre Gedanken an, sich rascher abzuspulen? Wird Ihnen warm oder kalt?
- Schreiben Sie all das, was Sie erkennen, auf. Das schützt Sie davor, in unkontrolliertes Grübeln abzudriften, und gibt Ihnen einen konkreten Überblick über das, was passiert ist.
- Machen Sie dies mit jeder schwierigen Situation, die Ihnen heute begegnet. Auf diese Weise werden Sie immer vertrauter mit den Abläufen und

Sie werden immer früher mitbekommen, dass Sie gerade emotional werden und auf welche Weise das geschieht.

Ruhe bewahren

Wenn Ihre Emotionen hochkochen, Sie wütend werden oder Angst bekommen, können Sie den Atem nutzen, um sich wieder zu zentrieren. Diese Übung hilft Ihnen, die Fassung zu wahren, statt aus der Haut zu fahren. Denn Sie trainieren, den Automatismus zu unterbrechen, aus der Wut heraus einfach blind zu reagieren. Während Sie atmen, beruhigt sich mit der Zeit Ihr Stresssystem – vorausgesetzt, Sie konzentrieren sich wirklich auf Ihre Atmung, statt in Gedanken den Disput weiterzuspinnen.

- Richten Sie heute in dem Moment, in dem Sie bemerken, dass Sie zum Beispiel sauer werden, Ihre Aufmerksamkeit ganz bewusst auf den Atem: Atmen Sie tief ein, halten Sie den Atem einen Moment an und lassen Sie ihn dann langsam ausströmen. Wiederholen Sie das ein paar Mal.
- Wenn es in der aktuellen Situation schwer ist, sich auf den Atem zu konzentrieren, entschuldigen Sie sich und verlassen Sie den Raum. Gehen Sie auf die Toilette, ins Treppenhaus oder irgendwohin, wo Sie einen Moment ungestört sind.
- Fühlen Sie Ihren Atem und warten Sie ein paar Minuten ab. Sie werden merken, wie die Wut

oder der Ärger nachlässt. Solchermaßen beruhigt kehren Sie dann zurück und sehr wahrscheinlich können Sie jetzt wesentlich klarer denken und daher besser mit der Situation umgehen. So vermeiden Sie es, destruktiv zu handeln.
- Auch wenn es anfangs noch nicht besonders gut klappt: Bleiben Sie an der Übung dran, wiederholen Sie sie möglichst oft. Nach und nach gelingt es Ihnen, Ihre Aufmerksamkeit für emotionale Regungen zu sensibilisieren und so früh wie möglich, nämlich wenn Sie noch handlungsfähig sind, gegenzusteuern.

Mitfreude und Großzügigkeit entwickeln

Immer wenn Sie bemerken, dass destruktive Gefühle in Ihnen aufkommen, können Sie aktiv gegensteuern, indem Sie sich darin üben, positive oder konstruktive Gefühle dagegenzustellen. Angenommen, Sie reagieren neidisch oder ärgerlich, weil Ihre Kollegin eine Idee ins Meeting eingebracht hat, auf die Sie auch hätten kommen können und die dann auch noch von allen sehr positiv aufgenommen wurde. Erkennen Sie nun kurz an, dass Sie gerade so fühlen, denn wenn Sie es verdrängen, wirken Neid und Ärger unterschwellig weiter.

Doch statt sich nun in diesen destruktiven Gefühlen zu verlieren und ein ganzes Drama daraus zu spinnen, gehen Sie es buddhistisch an: Üben Sie sich darin, sich für Ihre Kollegin zu freuen. Ja, Sie haben richtig gelesen, denn diese Geisteshaltung hilft Ihnen, sich wesentlich besser zu fühlen. Freude macht schließlich mehr Spaß als Ärger und außerdem können Sie jetzt ohnehin nichts mehr ändern. Darüber hinaus verhindert sie auch, dass Sie aufgrund von Frust und Neid Ihren Kollegen gegenüber unleidlich werden, Fehler machen, weil Sie sich nicht konzentrieren können, oder Dinge sagen, die Sie später bereuen. Außerdem bringt sie Ihnen Pluspunkte auf Ihr Karma-Konto und reduziert Ihre Neigung, reflexartig eifersüchtig oder ärgerlich zu reagieren. Mitfreude ist ein Akt der Großzügigkeit. Anstatt am eigenen verlorenen Vorteil festzuhalten und so dem eigenen Stolz zu erliegen, üben wir uns darin, jemand anderem von Herzen seinen Erfolg oder sein Glück zu gönnen und uns darüber zu freuen. Das wirkt wirklich befreiend!

- Üben Sie heute immer wieder mal, alles, was Ihnen irgendwie wichtig erscheint, in Ihrer Vorstellung zu verschenken. Das kann etwas Materielles wie Ihr Lieblingspullover sein oder etwas Ideelles wie ein großartiger Einfall, eine tolle Lösung oder eine besondere Fähigkeit.
- Wenn Sie erleben, dass jemand eine richtig gute Idee hatte, dafür gelobt wurde und sich nun freut, üben Sie sich darin, das, was die Person

gerade Tolles auf den Weg gebracht hat, zu würdigen, sich mit ihr darüber zu freuen und ihr von Herzen alles Gute dafür zu wünschen.

Den Geist schützen

Um aus destruktiven geistigen Gewohnheiten heilsame werden zu lassen, müssen wir unserem Geist viel Aufmerksamkeit und Pflege gönnen, denn es gibt vieles, was uns vom Achtfachen Pfad abbringen kann. Gerade am Anfang des Weges kann es helfen, wenn wir uns in gewisser Weise selbst schützen. Konkret bedeutet dies, dass wir uns von Situationen und Personen fernhalten, von denen wir wissen, dass sie uns überfordern oder einen negativen Einfluss auf unsere Übungspraxis haben.

Alkohol oder Drogen würden beispielsweise Ihre Selbststeuerung gefährden, Ballerspiele am PC, aber auch Mobbing-Intrigen und Hetze gegen andere würden zerstörerische Eindrücke in Ihrem Geist hinterlassen. Vielleicht gibt es ja auch Personen in Ihrem Umfeld, die zum Beispiel gern viel Alkohol trinken, die schnell Streit provozieren oder für die Fremdgehen normal ist. Solche Menschen sind sicherlich nicht der ideale Umgang, denn sie lenken Sie von einem heilsamen Lebensstil ab.

- Um sich vor solchen destruktiven Einflüssen zu schützen, halten Sie heute immer mal wieder inne und erspüren Sie, in welcher Gemütsverfassung

Sie sich gerade befinden: Sind Sie geistig wach und klar oder fühlen Sie sich eher dumpf oder emotional erregt?
- Nehmen Sie sich ein paar Minuten Extrazeit und überlegen Sie: Fühlen Sie sich von jemandem manipuliert oder ausgenutzt? Lassen Ihnen die Menschen in Ihrem Umfeld Zeit für die buddhistische Praxis oder halten sie Sie eher davon ab?
- Entscheiden Sie sich bewusst, Kontakte einzuschränken oder ganz abzubrechen, die Ihnen Ihrer Erfahrung oder Ihrem Gefühl nach nicht guttun. Es kann jetzt an der Zeit sein, den »Freundeskreis« von Personen zu befreien, die keine echten Freunde sind. Das schafft Platz für wirklich heilsame neue Begegnungen.

Dankbarkeit und Mitgefühl als Gegenmittel

Solange alles in unserem Leben nach Plan läuft, ist es recht einfach, geduldig und freundlich zu sein. Ganz anders sieht es aus, wenn wir mit außerplanmäßigen Gegebenheiten konfrontiert werden.
Und genau hier kommt die Dankbarkeit ins Spiel. Bedanken Sie sich für die unbequeme Person und die schwierige Situation, die Ihnen das Leben geschickt hat, damit Sie üben können, Ihre Qualitäten zu stärken. Das ist durchaus eine etwas fortgeschrittene Übung, aber Sie wachsen da schon hinein.

- Wenn sich das Danken künstlich anfühlt, verbinden Sie sich mit dem Gefühl von Dankbarkeit, indem Sie sich vorstellen, dass Sie gerade ein großes unerwartetes Geschenk bekommen.
- Konzentrieren Sie sich auf Ihr Herz und machen Sie sich bewusst, dass die Person, die Sie gerade so angeht, sehr wahrscheinlich ziemlich leidet (sonst würde sie nicht so schreien und das Gesicht verzerren). Es ist nicht einfach nur ein Angriff – auch wenn Sie dies erst einmal so wahrnehmen –, es ist Ihre Chance, sich darin zu üben, Ruhe, einen offenen Geist, Mitgefühl, Freundlichkeit und innere Sammlung zu bewahren.
- So schräg Ihnen diese Anweisung vielleicht auch vorkommen mag, probieren Sie sie aus. Sie kommt aus einem sehr alten buddhistischen Geistestraining, genannt Lojong, und hat schon zahlreichen Menschen geholfen, dauerhaft auf die »helle Seite« des Lebens zu gelangen, statt sich im destruktiven dunklen Sumpf der Störgefühle zu verstricken.

»Wer sich darum bemüht, Erleuchtung zu erlangen, muss darauf gefasst sein, schrecklichen Hindernissen zu begegnen:
dem Zorn, der Begierde, der geistigen Verwirrung, dem Stolz und der Eifersucht.«
                              Dilgo Khyentse Rinpoche

Rechte Achtsamkeit

Bei diesem Schritt auf dem Achtfachen Pfad geht es darum, in jedem Moment ganz in unserem Leben anwesend zu sein, statt uns in Zukunftsszenarien oder Erinnerungen an die Vergangenheit zu verlieren.

Mit Achtsamkeit nehmen wir wertneutral und bewusst wahr, was in unserem Körper, Geist und Leben passiert. Mit ihrer Hilfe lernen wir das, was jetzt im Augenblick geschieht, was wir gerade denken oder fühlen, nur zu registrieren. Wir sind lediglich Beobachter, denn wir bewerten nichts und versuchen nicht, etwas zu verändern.

ANNEHMEN, WAS IST

Wirklich Moment für Moment achtsam zu sein, ist eine hohe Kunst. Versuchen Sie einmal nur einen Augenblick auf die Geräusche, die an Ihr Ohr dringen, zu achten. Sie werden sehr wahrscheinlich schnell merken, dass Sie anfangen, die Geräusche mit Namen zu versehen und in Bewertungskategorien wie »angenehm« oder

»nervig« einzuteilen. Dann wird Ihnen plötzlich klar, dass Sie abgeschweift sind und sich schon längst darüber Gedanken machen, warum es heute weniger Spatzen gibt als früher, als Sie noch ein Kind waren. Einfach nur wahrzunehmen und präsent zu bleiben ist für die meisten von uns eher ungewöhnlich.

Immer mehr Multitasking

Heutzutage sind wir daran gewöhnt, alle möglichen Tätigkeiten gleichzeitig und nebenbei zu erledigen und unliebsame Reize durch iPod-Stöpsel, aus denen Musik in unsere Ohren fließt, wegzuzaubern. Während wir rasch noch den Einkauf erledigen (für den wir die Liste bereits im letzten Meeting geschrieben haben), planen wir schon die Besprechung für morgen.
Wir sind mit unserer Aufmerksamkeit selten dort, wo wir just in diesem Moment tatsächlich sein sollten: im gegenwärtigen Augenblick. Und so stellen wir plötzlich fest, dass die Jahre viel zu schnell ins Land gegangen sind und wir zu wenig vom Leben mitbekommen haben. Kein Wunder! Viele sind nur noch damit beschäftigt, zu planen; doch kaum haben sie einen Plan umgesetzt, steht schon der nächste an. Mitunter bleibt auch die Gesundheit dabei auf der Strecke. Mit Achtsamkeit kommen wir wieder in unserem Leben an.

Körperachtsamkeit

Ihr Körper ist ein hoch kompliziertes und sehr wertvolles Werkzeug, das Sie durchs ganze Leben trägt. Wenn nur ein Vorgang in ihm aus dem Gleichgewicht kommt, verändert sich auch Ihre Fähigkeit, in der Welt zu wirken. Es braucht sich nur eine Kleinigkeit in Ihrem Vitamin- oder Wasserhaushalt zu verändern und schon können Sie sich nicht mehr so gut konzentrieren, Ihnen wird schwindelig, Sie werden unleidlich, verstehen manches falsch und streiten dadurch mehr.
Wenn wir uns ständig Stress aussetzen, Genussmittel zu uns nehmen und viel zu wenig auf die Bedürfnisse unseres Körpers achten, werden wir auf Dauer krank. Das Leid, das damit verbunden ist, betrifft nicht nur Sie selbst, sondern auch alle in Ihrem Umfeld, die sich kümmern oder Ihre Arbeit übernehmen müssen, wenn Sie ausfallen.
Ihr Körper ist auch Ihr Barometer. Denn er reagiert unglaublich schnell auf Situationen. Er zeigt Ihnen allein schon durch einen veränderten Muskeltonus (An- oder Entspannung), ob etwas heilsam oder potenziell schädlich ist.
Wenn Sie sich in Körperachtsamkeit üben, werden Sie schneller mitbekommen, was los ist, und rechtzeitig heilsam intervenieren können. So gelingt es Ihnen, Stressreaktionen zu reduzieren, und Sie beugen ernsthafteren Krankheiten vor.

Übungen für den Alltag

Achtsam zu sein ist gar nicht so schwer. Die meisten der folgenden Übungen können Sie wieder nebenher in Ihren Alltag integrieren. Mit ihrer Hilfe werden Sie sich und Ihre Reaktionen mit der Zeit immer besser verstehen, schneller merken, wenn Situationen unheilsam werden, und entsprechend gegensteuern können. Außerdem werden Sie wieder viel präsenter im Leben sein und Ihren Alltag entsprechend als erfüllter empfinden.

Buddha sah in der Körperachtsamkeit eine wichtige Grundlage, damit wir uns vom Leid befreien können. So lehrte er beispielsweise, dass wir den Vorgang der Atmung, der Bewegung und auch unsere körperlichen Reaktionen und Empfindungen achtsam wahrnehmen sollten. Dies können Sie nun auf folgende Weise üben:

Atem-Achtsamkeit schulen

Die Atmung scheint etwas Selbstverständliches zu sein, wir bekommen sie bewusst höchstens mit, wenn uns mal vor Schreck der Atem stockt oder wir bei starker Anstrengung um jeden Atemzug ringen müssen. Im normalen Alltag schenken wir der Atmung so gut wie keine Aufmerksamkeit. Dabei ist sie die Grundlage unserer Lebendigkeit und unser Anker im Hier und Jetzt.

- Widmen Sie sich heute ganz bewusst Ihrem Atem und nehmen Sie sich dafür drei bis fünf Minuten Zeit, vielleicht während Sie in der U-Bahn sitzen oder irgendwo warten müssen.
- Richten Sie Ihre Aufmerksamkeit auf den Atemvorgang: Wie fließt der Atem gerade? Ist er tief und langsam, geht er bis hinunter in den Bauchraum? Oder ist er eher flach und kurz und kommt nur bis zum Hals oder in den Brustkorb?
- Wie fühlt sich der Atem an? Vielleicht können Sie wahrnehmen, wie er kühl einfließt und an den Naseninnenwänden entlangstreicht. Wo überall können Sie den Atem noch fühlen?
- Vielleicht können Sie an manchen Stellen kein Fließen des Atemstroms wahrnehmen, sondern bemerken eher, wie die Atmung Ihren Körper bewegt, sich die Bauchdecke hebt und senkt, der Brustkorb sich beim Einatmen weitet und mit dem Ausatmen zusammenzieht.
- Beobachten Sie den Atemvorgang interessiert wie ein Forscher, als würden Sie sagen: »Aha, so ist das also.« Dabei geht es nicht um richtiges oder falsches Atmen, sondern darum, zu beobachten, wie der Atemvorgang bei Ihnen abläuft, und sich damit vertraut zu machen. Das ist alles.

Achtsamer Stellungswechsel

Da wir unseren Körper als ähnlich selbstverständlich nehmen wie die Atmung, beobachten Sie heute achtsam Ihr Körpergefühl:

- Achten Sie darauf, wie sich Ihr Körper anfühlt, wenn Sie vom Liegen ins Sitzen hochkommen, und was sich im Körpergefühl verändert, wenn Sie dann tatsächlich sitzen. Machen Sie es genauso, wenn Sie vom Sitzen ins Stehen wechseln, vom Stehen ins Gehen und vom Gehen vielleicht ins Laufen. Dann richten Sie die Aufmerksamkeit wieder vom Laufen zurück aufs Gehen, dann aufs Stehen, aufs Sitzen und Liegen.
- Achten Sie dabei auf alle Empfindungen Ihres Körpers: Wie wirkt sich die Veränderung der Schwerkraft aus, welche Herz-Kreislauf-Reaktionen zeigen sich und welche Druckbelastungen?
- Beobachten Sie Ihren Körper genau und seien Sie sich über den jeweiligen Stellungswechsel so bewusst wie möglich.

Körperliche Reaktionen

Heute üben Sie, mehr Bewusstheit in Bezug auf Ihren Körper zu bekommen, indem Sie sich mit seinen Reaktionsweisen vertraut machen. Da unser Körper meist schneller reagiert als unser Verstand, können Sie, wenn Sie Ihre Wahrnehmung geschult haben, rascher erkennen, was gerade in Ihnen abläuft.

Sie bemerken dann mit der Zeit etwa aufkeimenden Ärger entsprechend früher an der Anspannung im Nacken und dem Ziehen im Magen und können sich um die Ursache des Ärgers kümmern, bevor die Situation eskaliert. Dadurch vermindern Sie Leid und sorgen dafür, dass es sich nicht verschlimmert.

- Beobachten Sie sich heute immer mal wieder zwischendurch, indem Sie darauf achten, was in Ihrem Körper geschieht, wenn Sie sich freuen, und was passiert, sobald Sie sich ärgern oder Ihnen etwas unangenehm erscheint.
- Wie reagiert beispielsweise Ihr Herz, schlägt es schnell oder langsam? Wie atmen Sie? Tief und voll oder eher schnell und flach? Was für einen Spannungszustand können Sie in Ihren Muskeln wahrnehmen? Sind sie locker und weich oder verhärten oder verspannen sie sich? Grummelt Ihr Magen oder haben Sie ein flirrendes Gefühl im Bauch? Tränen Ihre Augen? Fühlt sich Ihr Brustkorb oder Ihr Hals wie zugeschnürt an oder empfinden Sie Weite?
- Denken Sie daran, alle Körperreaktionen erst einmal nur zu registrieren, nicht zu bewerten.

Die Sinne schärfen

Üben Sie heute, ganz und gar präsent zu bleiben und bewusst den gegenwärtigen Augenblick mit allen Sinnen zu erfassen und zu genießen.

- Nehmen Sie sich etwa 30 Minuten bis eine Stunde Zeit und gehen Sie hinaus in die Natur, vielleicht in einen Park oder in ein Waldstück – was Ihnen angenehm ist.
- Setzen Sie sich auf eine Bank und schließen Sie die Augen. Erlauben Sie sich, zur Ruhe zu kommen. Vielleicht können Sie fühlen, wie Sie atmen. Möglicherweise klopft auch Ihr Herz noch etwas vom Gehen. Fühlen Sie die Bank unter Ihrem Gesäß. Das alles einfach nur wahrzunehmen ist bereits Achtsamkeit.
- Richten Sie nun Ihre Aufmerksamkeit auf das Hören. Werden Sie sich bewusst, was für Geräusche jetzt gerade vorhanden sind. Hören Sie einfach hin, ohne sich besonders anzustrengen. Sie werden sehr wahrscheinlich schnell bemerken, dass es Geräusche gibt, die Sie angenehm finden, und andere, die Sie weniger mögen. Beobachten Sie dies nur mit einer inneren Haltung von »Aha, so ist das bei mir gerade«. Lassen Sie dann die Bewertung links liegen und üben Sie sich darin, die Geräusche nur zu registrieren.
- Richten Sie Ihre Aufmerksamkeit nun auf Ihre Nase. Was für Gerüche können Sie wahrnehmen? Wenn Sie mögen, öffnen Sie auch den Mund und lassen Sie die Luft durch Mund und Nase einströmen. Manche Menschen können über den Mund die Luft regelrecht schmecken, was den Geruchs-

sinn unterstützt. Auch hier werden angenehme und weniger angenehme Düfte auf Ihre Riechrezeptoren fallen. Bleiben Sie offen, registrieren Sie, nehmen Sie wahr, ohne etwas zu bewerten.
- Nun öffnen Sie die Augen. Worauf fällt Ihr Blick? Schauen Sie bewusst hin, betrachten Sie die Formen und Farben. Auch hier: Bemerken Sie, wenn Sie etwas schön und anderes weniger schön finden. Üben Sie sich im offenen Schauen, ohne einen Unterschied zu machen. Lassen Sie die Bilder, Formen und Farben unbewertet. Weiten Sie dann Ihren Blick und wenden Sie den Kopf hin und her, sodass Sie alles, was sich in Ihrer Umgebung befindet, bewusst wahrnehmen können.
- Suchen Sie sich nun einen Gegenstand, der Ihnen geeignet erscheint, um ein wenig mit Ihrem Tastsinn zu experimentieren, etwa einen Stein, ein Blatt, eine Blume oder Kastanie. Lassen Sie die Hände über den Gegenstand streichen, ertasten Sie ihn. Bemerken Sie die Temperatur, die Oberflächenstruktur und die Weichheit oder Festigkeit. Schließen Sie dabei auch mal die Augen. Probieren Sie ein wenig herum: Was können Sie zum Beispiel über die Haut Ihres Arms oder Ihrer Wange wahrnehmen? Wie fühlt es sich an, wenn Sie barfuß über den Gegenstand streichen?
- Beenden Sie nun die Übung und bewahren Sie sich Ihre erweckten Sinne, indem Sie sich daran

erinnern, in Ihrem Alltag immer mal wieder bewusst zu hören, zu riechen und zu tasten.

Achtsam essen

Essen ist mehr als bloße Nahrungsaufnahme oder Belohnung. »Nahrung soll euer Heilmittel sein«, sagte schon Paracelsus. Die Art und Weise jedoch, wie die meisten Menschen in den westlichen Industrienationen mit Essen umgehen, ist heute zu einer bedeutenden Ursache von Krankheit und Leid geworden. Falsche Essgewohnheiten, die durch Genusssucht, Frustkompensation oder schlicht Unwissenheit entstehen, zeigen, dass wir oftmals das gesunde Gefühl für unsere Nahrung verloren haben. Auch das Überangebot von Nahrungsmitteln, der Einsatz von Gentechnik und Zusatzstoffen sowie die Palette an industriell hergestellten Nahrungs- und Genussmitteln sorgen dafür, dass aus Lebensmitteln allmählich Krankheitsmittel werden. Die Übung der Achtsamkeit beim Essen stärkt die Sinne und kann Ihnen helfen, ein natürliches und heilsames Essverhalten zu bewahren oder wiederzuerlangen.

- Achtsames Essen beginnt schon beim Einkauf: Kaufen Sie Lebensmittel, die möglichst unbehandelt sind, aus regionalem Anbau stammen und eine hohe Nährstoffdichte haben. Vermeiden Sie Fertigprodukte. Es muss ja nicht immer ein kompliziertes Gericht sein, es reicht oft schon ein ein-

faches Essen wie Pellkartoffeln mit selbst gemachtem Kräuterquark und ein frischer Salat.
- Bereiten Sie die Speisen mit Wertschätzung zu. Achten Sie auf den Geruch, das Aussehen und die Konsistenz der Lebensmittel. Vielleicht können Sie wahrnehmen, wie Ihr Körper darauf reagiert, beispielsweise indem Ihr Magen anfängt zu grummeln und Ihnen das Wasser im Munde zusammenläuft. Dies sind kleine Regungen, die viele kaum mitbekommen, da sie mit ihren Gedanken bei anderen Dingen sind.
- Richten Sie Ihr Essen hübsch auf einem Teller an und setzen Sie sich dann hin. Kein Gespräch, kein Fernseher, kein Smartphone, keine Zeitung sollten Sie dabei ablenken. Jetzt geht es nur um Sie und Ihr Essen.
- Betrachten Sie das Essen. Wie sieht es aus, welche Farben und Formen sehen Sie? Möchten Sie das, was auf Ihrem Teller liegt, wirklich essen? Achten Sie auch auf den Geruch der Speise.
- Nehmen Sie nun einen Bissen auf, schauen Sie ihn an und stecken Sie ihn dann bewusst in den Mund. Kauen Sie langsam und schmecken Sie. Achten Sie auf die Konsistenz der Speise. Wie reagiert Ihr Organismus?
- Werden Sie sich bewusst, ob Sie gierig werden und es Sie danach verlangt, alles schnell in sich hineinzuschlingen. Sie brauchen dem Impuls

nicht nachzugeben. Erst nachdem Sie den Bissen ausreichend gekaut und anschließend geschluckt haben, nehmen Sie den nächsten Bissen auf. Verfahren Sie bei jeder Gabel, jedem Löffel auf die gleiche beschriebene Weise.
- Bleiben Sie, nachdem Sie aufgegessen haben, noch einen Moment sitzen und spüren Sie dem Essen nach. Wie fühlt sich Ihr Körper an? Spüren Sie, dass Sie satt sind und Ihr Magen seine Arbeit aufnimmt? Wie geht es Ihnen? Fühlen Sie sich gut genährt oder überfüllt, kraftvoll oder müde?
- Versuchen Sie, auch eine Zwischenmahlzeit wie einen Apfel oder ein Stück Schokolade auf diese bewusste und wertschätzende Art zu genießen.

GEDANKEN BEOBACHTEN

Bei dieser Übung geht es darum, sich Ihrer Gedankenaktivitäten bewusst zu werden. Den ganzen Tag wirbelt so vieles in unserem Kopf herum, darunter auch viel Unheilsames, das dann im Unterbewusstsein weiterwirkt.
- Achten Sie darauf, heute öfter mal innezuhalten und sich klar darüber zu werden, worum Ihre Gedanken gerade kreisen.
- Versuchen Sie, zu bemerken, wenn Ihre Gedanken in die Zukunft eilen und Sie sich Sorgen machen oder mögliche Szenarien durchspielen. Oder wenn Sie in Erinnerungen schwelgen, vielleicht

ein schlechtes Gewissen haben und grübeln, was Sie alles hätten besser machen können. Oder wenn Sie innerlich mit sich schimpfen und an sich herumnörgeln.
- Werden Sie sich bewusst, wie Ihre Gedankenaktivität im Augenblick aussieht. Ist gerade viel los in Ihrem Oberstübchen? Rasen die Gedanken regelrecht, drehen sie sich im Kreis, bleiben sie immer wieder an ein und demselben Thema hängen?
- Bemerken Sie auch, wenn Sie Ihr Umfeld kommentieren, etwa: »Wie die Frau Soundso heute wieder aussieht, allein wie sie schon guckt! Und die Schuhe erst – unmöglich!«
- Benennen Sie jede Ihrer Gedankenaktivitäten, indem Sie innerlich ein kleines Etikett draufkleben mit der Bezeichnung »Grübeln«, »Schimpfen«, »Sorge«, »Planen«, »Lästern« ... So erlangen Sie mehr Klarheit über das, was in Ihren Gedanken passiert, und gewinnen außerdem schon ein wenig Abstand zum Inhalt Ihrer Gedanken.
- Sobald Sie das Etikett in Ihrer Vorstellung auf den Vorgang geklebt haben, lassen Sie den Gedanken links liegen, indem Sie Ihre Aufmerksamkeit wieder zur Gegenwart zurückbringen und sich auf das konzentrieren, was Sie gerade zu tun haben. So üben Sie sich darin, Gedanken bewusst wieder ziehen zu lassen und ihnen nicht mehr Aufmerksamkeit zu schenken als nötig.

Gedanken als Trugbilder erkennen

Jeder Handlung geht ein Gedanke voraus. Sind wir uns dessen nicht bewusst und achten wir nicht auf unsere Gedanken, kann es sehr schnell passieren, dass wir destruktiv handeln und damit jede Menge Leid verursachen.

Auf dem buddhistischen Weg ist es daher extrem wichtig, auf unsere Gedanken zu achten. Als Buddha während seiner Meditation von Gedanken gequält wurde, erkannte er, dass sie schlicht Phänomene unseres Geistes sind, die genauso wenig der Wirklichkeit entsprechen wie der Traum, den wir vielleicht in der letzten Nacht geträumt haben. Sie sind Trugbilder, Tagträume, flüchtig und vergänglich. Wenn wir uns dies bewusst machen, verlieren sie ihre Bedeutung und Macht über uns und wir können lernen, sie einfach ziehen zu lassen.

Achtsamkeit auf Empfindungen

Bei dieser Übung versuchen Sie, sich bewusst zu werden, ob Sie das, was um Sie her passiert, als angenehm, unangenehm oder neutral empfinden. Diese bewertenden Empfindungen färben unsere Wahrnehmung der Wirklichkeit ein wie eine farbige Brille. Aus dieser subjektiven Wahrnehmung heraus reagieren wir dann mit Zuneigung oder Ablehnung und es entstehen dazu passende Gefühle wie beispielsweise Begehren, Gier, Angst, Ärger oder Wut. Diese Gefühle erzeugen wiederum Handlungsimpulse in uns, die teilweise so stark sind, dass es uns vorkommt, als ob sie uns regelrecht dazu zwingen, unsere Wut herauszulassen und den Partner anzuschreien oder unserer Gier nachzugeben und die ganze Tafel Schokolade aufzuessen, obwohl uns schon längst flau im Magen ist. So entstehen häufig unheilsame Situationen, die zu sehr viel Leid für alle Beteiligten führen.

Durch das Training der Achtsamkeit werden uns diese Abläufe bewusst und wir bekommen dadurch die Wahl, ob wir den destruktiven Impulsen nachgeben wollen oder nicht.

- Achten Sie heute also ganz bewusst darauf, wie Sie auf das reagieren, was in Ihren Gedanken und um Sie herum geschieht. Beobachten Sie sich nur. Mehr nicht.
- Machen Sie sich bewusst, dass Sie das eine angenehm empfinden und vielleicht mehr davon haben möchten (Anhaftung/Gier) und dass anderes Ihnen unangenehm erscheint und Sie es gern wieder loswerden wollen (Ablehnung).
- Wenn sich nun ziemlich zeitgleich auch eine Emotion bei Ihnen zeigt wie Ärger oder Angst, registrieren Sie es. Aber – und das ist die Kunst – ohne darauf zu reagieren. Wenn Ihr Partner also wieder einmal viel zu spät zu einer Verabredung kommt,

meckern Sie weder sofort los noch hüllen Sie sich in beleidigt-eisiges Schweigen.
- Disziplinieren Sie sich, warten Sie ab. Lassen Sie Ihr Gemüt zur Ruhe kommen. Wenn es sein muss, drehen Sie dazu eine Runde um den Block.
- Beobachten Sie, was passiert, wenn etwas Zeit vergeht und Sie die Geschichte erst mal ruhen lassen, also auch keine heftigen Streitgespräche in Gedanken führen.
- Setzen Sie dieses Innehalten und Bewusstwerden in allen Situationen ein, egal, ob Sie eine tolle Jacke im Schaufenster sehen und am liebsten sofort den Laden stürmen würden oder ob Sie sich in einer Krisensituation mit Ihrem Kind, der Freundin oder Ihrem Chef befinden.

Den Autopiloten unterbrechen

Das Gegenteil von Achtsamkeit ist der Autopilot. Viele Tagesabläufe sind recht festgelegt. Das kann sehr hilfreich sein, doch wenn das ganze Leben nur noch aus Routine besteht, verlieren wir allmählich den Kontakt zum Leben, den Kontakt zu uns und zum gegenwärtigen Moment.

- Leben Sie heute nach einem Merksatz des buddhistischen Geistestrainings: »Sei nicht so berechenbar!« Das heißt: Unterbrechen Sie heute gezielt Ihre tägliche Routine und probieren Sie neue Wege aus.

- Steigen Sie beispielsweise zwei Stationen früher aus dem Bus aus und gehen Sie den Rest zu Fuß. Wählen Sie eine andere Strecke für den Nachhauseweg oder unterbrechen Sie Ihren Heimweg für einen Feierabend-Spaziergang in einem Park oder einen Besuch in einem Café. Wählen Sie einen farbigen Schal, wenn Ihre Kleidung normalerweise eher gedeckt ist, probieren Sie eine Ihnen unbekannte Eissorte aus oder kaufen Sie ein Gemüse, das Sie noch nie gegessen haben, und bereiten Sie damit ein Gericht zu.
- Riechen, hören, fühlen, schauen und schmecken Sie bewusst! Nehmen Sie sinnlichen Kontakt zum Leben auf: Freuen Sie sich darauf, neue aufregende Erfahrungen zu machen, kleine verborgene Schätze im Alltag zu entdecken, Erkenntnisse zu gewinnen und mehr Erfüllung in Ihrem Leben zu empfinden.

»Für den Buddhismus ist die Achtsamkeit der Schlüssel zu allem Weiteren.
Die Achtsamkeit ist die Energie, die auf alle Dinge und Aktivitäten ihr Licht wirft;
sie bringt die Kraft der Konzentration hervor, führt zu tiefer Einsicht und zum Erwachen.
Die Achtsamkeit ist eine der wichtigsten Grundlagen der buddhistischen Praxis.«
Thich Nhat Hanh

Rechte Sammlung

Sammlung bedeutet, dass wir in der Lage sind, unsere Aufmerksamkeit bewusst auf ein Objekt oder eine Aufgabe zu konzentrieren. Mithilfe von Meditation kultivieren wir diese wichtige Fähigkeit in uns.

Da wir nur begrenzt Kraft haben und nach aktuellem Stand der Forschung auch nicht multitaskingfähig sind, brauchen wir in der heutigen schnelllebigen Zeit die Fähigkeit, uns bewusst zu sammeln. Wenn wir nicht in der Lage sind, uns auf etwas zu konzentrieren, dann zerstreut sich unsere Energie und wir laufen Gefahr, uns zu verzetteln.

DEN GEIST AUSRICHTEN

Die rechte Sammlung ist auf dem buddhistischen Weg von zentraler Bedeutung und wird durch Meditation kultiviert. Dabei geben wir unserem Geist ein Objekt, auf das er seine Aufmerksamkeit ausrichtet. Das kann eine Blüte, eine Kerzenflamme oder auch der eigene Atem sein. In manchen Schulen, gerade im tibetischen Buddhismus, gibt man dem Geist auch heilsame Silben, sogenannte Mantren, vor. Diese schützen ihn davor, sich mit unheilsamen Inhalten zu beschäftigen. Ein bekanntes Mantra ist die Silbe OM.

Mit innerer Weisheit in Kontakt kommen

Durch die Sammlungs-Meditation auf ein Objekt wird der Geist mit der Zeit ruhig und klar. Stellen Sie sich vor, Sie sind mit ganz vielen Menschen in einem Raum. Alle reden durcheinander und versuchen, Ihnen ihre Sicht der Dinge als die Wirklichkeit zu verkaufen. Erst wenn sich der Raum leert und es ruhiger wird, können Sie einen klaren Gedanken fassen. Etwas Ähnliches passiert häufig in unserem Kopf: Da gibt es Stimmen, die sich anhören wie die unserer Eltern, dann sind da die Kommentare unserer Kollegen, unseres Partners. Und auch unser sogenanntes Ich, das sich für unglaublich wichtig hält, gibt seinen Senf dazu. Unter diesem Tohuwabohu, das in unserem Geist herrscht, verschwindet das, was wahrhaftig ist, gänzlich.
In der Meditation kommt es jedoch wieder hervor. Wir kommen in Kontakt mit der ursprünglichen Klarheit unseres Geistes jenseits unseres rationalen Denkens, unserer Meinungen und Ideen über uns und die Welt. Diese ursprüngliche Qualität kann nicht intellektuell erfasst werden. Sie ist nur durch Meditation erfahrbar, denn dabei hört der

Geist auf, ins Morgen und Gestern abzudriften, Selbstgespräche zu führen oder sich zu sorgen.

Die Buddha-Natur

Die Grundnatur unseres Geistes ist die Buddha-Natur, die immer schon in uns war und immer da sein wird, ob wir sie nun entdecken oder nicht. Sie ist genauso vorhanden wie der klare blaue Himmel, der an Regentagen lediglich von den Wolken verdeckt ist. Lama Gendün Rinpoche hat ein Buch geschrieben mit dem Titel: »Wir haben vergessen, dass wir Buddhas sind.« Damit wollte er ausdrücken, dass wir von unserer geistigen Grundnatur her die ganze Zeit klar, offen und erleuchtet sind, doch häufig keinen Zugang mehr zu dieser liebevollen und klaren Dimension unseres Geistes haben. Durch die Meditation entdecken wir unsere schon immer vorhandenen Fähigkeiten wieder.

> *»Lerne, den Augenblick zu ergreifen!*
> *Schleiche dich nicht davon,*
> *fliehe nicht in die Wahngebilde der Vergangenheit oder der Zukunft.*
> *Sammle deinen Geist dort, wo du bist,*
> *mit einem für den Augenblick geschärften Bewusstsein. Dort ist es, wo wir sind.*
> *Es gibt keinen anderen Ort als hier.«*
> *Drukpa Rinpoche*

Übungen für den Alltag

Kultivieren Sie Momente der Sammlung und Meditation in Ihrem Alltag, um Ihre Buddha-Natur wiederzuentdecken. Bei den Meditationen ziehen Sie sich anfangs besser zurück, doch die rechte Sammlung lässt sich mit der Zeit auch »nebenher« üben.

Atem-Meditation

Reservieren Sie sich ein bis zwei Mal pro Tag einen kurzen Moment der Stille für sich. Am Anfang genügen dafür fünf bis zehn Minuten.

- Setzen Sie sich aufrecht auf einen Stuhl oder Hocker. Wenn es für Sie wirklich bequem ist, können Sie sich auch gern im Schneidersitz auf ein Meditationskissen auf den Boden setzen.
- Richten Sie nun Ihre Aufmerksamkeit bewusst auf den Atemstrom. Wo fühlen Sie den Atem jetzt, in diesem Augenblick entlangströmen?
- Können Sie Ihren Atem oder die Bewegungen, die durch ihn ausgelöst werden, irgendwo besonders deutlich spüren? Vielleicht an der Nase, im Rachen, im Brustraum oder im Bauch?
- Wählen Sie nun den Punkt aus, an dem Sie den Atem gerade am deutlichsten spüren können,

Rechte Sammlung

und versuchen Sie, mit Ihrer Aufmerksamkeit ganz gesammelt an dieser Stelle das Vorbeiströmen des Atems oder aber die Bewegung Ihres Körpers zu fühlen.
- Konzentrieren Sie sich jetzt darauf, den Atem zu spüren. Bleiben Sie präsent beim Einatmen und ebenso beim Ausatmen. Jeder Atemzug ist ein Moment. Und so üben Sie, Moment für Moment im Hier und Jetzt anwesend zu sein.
- Wenn Sie irgendwann zwischendrin abschweifen und anfangen, über etwas nachzudenken, macht das nichts. Statt sich darüber zu ärgern, bemerken Sie es nur und sammeln Ihre Aufmerksamkeit sofort wieder auf das Spüren Ihres Atems. Das ist alles.

Für diesen Moment ist es vollkommen unwichtig, was Sie denken. Ihre Gedanken haben jetzt nur die Funktion eines Trainingsobjektes. Das Training besteht darin, Ihre Aufmerksamkeit wieder von den Gedanken abzuziehen, sobald Sie bemerken, dass Sie ihnen nachhängen. Das gelingt, indem Sie sich entschlossen wieder dem Fühlen des nächsten Atemzugs zuwenden. Dieses Abziehen und Neuausrichten trainiert Ihre Willensstärke und Sammlungsfähigkeit. Am Anfang werden Sie wahrscheinlich merken, dass es noch etwas schwierig oder sogar anstrengend ist, doch je häufiger Sie meditieren, umso leichter wird es Ihnen fallen.

Wichtiges zur Meditation
Ihr geistiger Zustand in der Meditation sollte wach und klar sein. Viele, die mit Meditation anfangen, haben zu Beginn mit Müdigkeit zu kämpfen, da der Organismus nicht gewohnt ist, sich zu entspannen und dabei wach zu bleiben. Halten Sie daher die Übungszeit am Anfang kurz, üben Sie zu einer Tageszeit, zu der Sie generell eher wach sind, und lassen Sie (wenn möglich) die Augen geöffnet.
Da sich das Zeitgefühl in der Meditation auflöst, stellen Sie sich besser einen Wecker.
Damit Sie regelmäßig üben, tragen Sie Ihre Meditationszeit in Ihren Kalender ein und planen alle anderen Aktivitäten drum herum. Dann wird diese Zeit sicher bald zu Ihrem normalen Tagesablauf gehören.

Sammlung statt Multitasking

Unser Gehirn ist nicht multitaskingfähig. Geben wir dem Multitasking-Verhalten nach, trainieren wir uns regelrecht eine Aufmerksamkeitsdefizitstörung an, das heißt: Es wird immer schwieriger, sich zu konzentrieren. Wenn wir achtsam sind und uns vor allem darin üben, Dinge nacheinander zu erledigen, fördern wir unsere Konzentrationsfähigkeit.

- Halten Sie heute am Tag öfter mal inne und atmen Sie achtsam ein und wieder aus. Sie können dies

auch richtig ritualisieren, beispielsweise indem Sie die Errungenschaften der Technik wie Handy, Smartphone oder Computer dazu nutzen, sich jede Stunde durch einen angenehmen Ton daran erinnern zu lassen, ganz bewusst ein- und wieder auszuatmen.
- Üben Sie sich heute darin, das, womit Sie sich gerade beschäftigen, ausschließlich zu tun. Ob Sie Kartoffeln schälen, die Buchhaltung machen, mit Ihren Kindern spielen, sich die Haare bürsten, Auto fahren, aufräumen, E-Mails beantworten oder im Meeting sitzen: Bemerken Sie, wenn Ihre Aufmerksamkeit abschweift beziehungsweise wenn Sie parallel etwas anderes zu erledigen beginnen. Entscheiden Sie sich dann bewusst, sich auf das, was Sie gerade tun, zu konzentrieren beziehungsweise das, was Sie bereits begonnen haben, zu Ende zu bringen und dann erst mit dem Nächsten anzufangen.

Sollte tatsächlich einmal etwas anderes dringender Ihre Aufmerksamkeit erfordern, dann lassen Sie das bereits Begonnene für diesen Moment ruhen und wenden sich mit gesammelter Aufmerksamkeit der dringlichen Sache zu. Angenommen, Sie werden mitten bei der Steuererklärung durch einen Anruf unterbrochen: Statt während des Telefonats heimlich mit der Arbeit fortzufahren, unterbrechen Sie diese und konzentrieren sich ganz auf Ihren Gesprächspartner. Es bringt weder Ihre Arbeit entscheidend voran noch nützt es dem Anrufer etwas, wenn Sie nur halbherzig bei der Sache sind.

Gehmeditation

Nutzen Sie heute ein paar Minuten Ihrer Mittagspause oder Wartezeiten beispielsweise an der Haltestelle für eine kurze Gehmeditation. Dies ist eine leicht in den Alltag zu integrierende Übung, denn ob Sie nun beim Warten grübeln oder dabei meditieren, ist von außen nicht ersichtlich und kostet auch nicht mehr Zeit. Der qualitative Unterschied ist allerdings enorm. Denn während Sie meditieren, erholen Sie sich. Dies ist beim Grübeln nicht der Fall. Gehend zu meditieren ist technisch sehr leicht und kann eine gute Alternative sein, wenn es Ihnen schwerfällt, in der sitzenden Meditation Ihren Geist zur Ruhe zu bringen. Nutzen Sie einfach die Situation und Gegebenheit, die Sie gerade vorfinden. Es reicht, wenn Sie während der Übung fünf bis zehn Schritte hin und her gehen können.

- Stellen Sie sich zunächst aufrecht hin, Ihr Gewicht ist gleichmäßig auf beide Fußsohlen verteilt. Die Hände lassen Sie entweder einfach am Körper herabhängen oder legen sie auf dem Bauch oder Rücken aufeinander. Hauptsache, Sie werden von ihnen nicht abgelenkt.

- Ihr Blick ruht, ohne etwas Bestimmtes zu fixieren, zwei bis drei Meter vor Ihnen auf dem Boden. Lassen Sie die Augen auf jeden Fall geöffnet, damit Sie die Orientierung behalten. Das waren die Vorbereitungen, jetzt geht's los.
- Mit der nächsten Einatmung heben Sie den Fuß an, mit dem Sie jetzt gern loslaufen möchten, und machen einatmend einen Schritt nach vorn.
- Wenn Sie den Fuß absetzen, atmen Sie beim Abrollen aus. Dann atmen Sie ein und heben dabei den anderen Fuß an, setzen ihn ab und atmen abrollend aus. Es ist nichts anderes als normales Gehen – nur eben langsamer, in Kombination mit dem Atem, und die Schritte sind in der Regel etwas kleiner als sonst. Von außen sollte es aussehen, als würden Sie ganz langsam vor sich hin gehen, wie Sie es auch tun würden, wenn Sie nicht meditierten und einfach nur wartend auf und ab schlenderten.
- Erfahrungsgemäß braucht es ein bisschen Zeit, bis Schritt und Atem harmonieren. Wichtig: Die Schnelligkeit Ihrer Schritte orientiert sich am Atem, nicht umgekehrt.
- Am Anfang werden Sie sehr wahrscheinlich Ihre gesamte Aufmerksamkeit für die Koordination von Atmung und Schritten brauchen. Sobald Sie sich allerdings daran gewöhnt haben, wird Ihre Aufmerksamkeit auf Wanderschaft gehen, wie

auch in der Sitzmeditation. Das ist normal und genau hier beginnt wieder die Übung: Bemerken Sie, wenn Sie mit der Aufmerksamkeit abschweifen und anfangen, über irgendetwas nachzudenken oder zu grübeln.

- Unterbrechen Sie dies sofort und bringen Sie die Aufmerksamkeit zurück zu den Vorgängen Ihrer Gehmeditation. Sie können Ihre Aufmerksamkeit beispielsweise auf die Empfindungen Ihrer Füße während des Gehens sammeln und wahrnehmen, wie die Muskeln im Wechsel zusammenarbeiten und wie Sie somit im Gleichgewicht bleiben. Natürlich können Sie sich auch wie in der Sitzmediation auf den Atem ausrichten.
- Nun kommen Sie zur inneren Haltung: Setzen Sie jeden Schritt, als würden Sie mit den Füßen die Erde begrüßen, sie freundlich berühren. In dieser inneren Haltung von Freundlichkeit und Wertschätzung bewegen Sie sich im Einklang mit der Natur. So schöpfen Sie Kraft aus jedem einzelnen Schritt. Auf diese Weise nehmen Sie wieder Kontakt auf mit dem Leben und finden Ihren Platz zwischen den Elementen Himmel und Erde.
- Jeder gesetzte Schritt ist ein Ankommen im Hier und Jetzt. Es gibt in der Gehmeditation kein Ziel, sondern nur den jeweiligen Schritt, den Sie jetzt gerade tun. Bleiben Sie jeden einzelnen Moment des Bewegungsprozesses präsent.

Ankommen im Jetzt
In dem Moment, indem Sie sich ganz auf das JETZT einlassen, gibt es für diesen einen Augenblick kein Streben oder Habenwollen und keinen Widerwillen, also auch kein Leid. Das ist ein erleuchteter Moment.

Einfache Mantra-Meditation

Statt zu grübeln oder in Selbstgesprächen vor sich hin zu schimpfen gewöhnen Sie sich an, ein Mantra zu rezitieren. So kommt Ihr Organismus wieder zur Ruhe, die Grübel- und Schimpfneigung reduziert sich und mit ihr auch das Leid. Ihr Geist kann sich durch die heilsamen Silben öffnen und Sie sind viel eher in der Lage, mit den Herausforderungen des Alltags konstruktiv umzugehen.

Das einfachste Mantra ist wohl die Silbe OM. Sie steht für den Urklang, aus dem das gesamte Universum entstand. Vielleicht kennen Sie diese Silbe bereits vom Yoga, denn sie wird von Buddhisten und Hinduisten gleichermaßen verwendet. Wenn Sie gerade nicht allein sind, können Sie sich das Mantra innerlich vorsagen. Die beste Wirkung erzielen Sie jedoch, wenn Sie es laut aussprechen. Sie können dabei sitzen, stehen oder liegen.

- Experimentieren Sie heute einfach nach Bedarf. Spielen Sie mit der Silbe OM und ihrem Klang. Ziehen Sie genüsslich das O und dann das M in

die Länge. Formen Sie mit dem Mund einen Resonanzraum, so als würden Sie das O wie einen Ball umschließen. Schließen Sie dann den Mund und legen Sie die Lippen aufeinander, summen Sie das M, sodass Sie seine Vibrationen auf den Lippen und im gesamten Gesicht spüren. Es ist ein harmonisierender Laut.
- Wenn Sie bemerken, dass die Aufmerksamkeit wieder zu Ihrem Grübelthema abschweift, bringen Sie sich zurück zum Klang der Silbe. Atmen Sie tief ein und geben Sie alles, was Sie beschäftigt, symbolisch mit dem Ausatmen in ein genüsslich langes OM. Machen Sie das so lange, wie es für Sie angenehm ist oder bis Sie einen Abstand zu Ihrem Grübelthema erkennen.

Sie sind nun am Ende des Buches angekommen. Ich hoffe, Sie hatten Freude beim Lesen und Sie konnten einige Erkenntnisse und Übungen für Ihren Alltag mitnehmen. Wenn Sie tiefer in die buddhistische Praxis einsteigen möchten, ist es üblich, dass man von Lehrern begleitet wird, dass man sich Unterstützung in einer Gruppe sucht und immer mal wieder seine Erkenntnisse und seine Übungspraxis durch buddhistische Kurse vertieft. Nach den Literaturhinweisen finden Sie Adressen, an die Sie sich vertrauensvoll wenden können. Ich wünsche Ihnen auf Ihrem weiteren Weg alles erdenklich Gute!

Bücher, die weiterhelfen

Daiker, Ilona: **Gelassen wie ein Buddha: Meditationen und Achtsamkeitsübungen für 52 Wochen**
und:

Buddhas 3 Fragen. Mit Achtsamkeit, Dankbarkeit und Großzügigkeit das Leben verwandeln. GRÄFE UND UNZER VERLAG, München

Hanson, Rick; Mendius, Richard: **Das Gehirn eines Buddha: Die angewandte Neurowissenschaft von Glück, Liebe und Weisheit.** Arbor-Verlag, Freiburg

Mannschatz, Marie: **Mit Buddha zur inneren Balance,** mit CD. GRÄFE UND UNZER VERLAG, München

Ott, Ulrich: **Meditation für Skeptiker. Ein Neurowissenschaftler erklärt den Weg zum Selbst.** O.W. Barth-Verlag, München

BÜCHER VON MAREN SCHNEIDER

Buddhas Anleitung für eine glückliche Partnerschaft. GRÄFE UND UNZFR VERLAG, München

Crashkurs Meditation. Anleitung für Ungeduldige – garantiert ohne Schnickschnack. GRÄFE UND UNZER VERLAG, München

Der kleine buddhistische Krisenmanager. Knaur, München

Der Weg der Achtsamkeit – Bewusstheit und Meditation im täglichen Leben, mit CD. Knaur, München

Stressfrei durch Meditation: Das MBSR-Kursbuch nach der Methode von Jon Kabat-Zinn, mit 2 CDs. O.W. Barth Verlag, München

Buddhistische Dachverbände Infos, Veranstaltungen + Gruppen-Verzeichnis

Deutsche Buddhistische Union
Amalienstr. 71, D-80799 München
www.dharma.de

Österreichische Buddhistische Religionsgesellschaft
Fleischmarkt 16, A-1010 Wien
www.oebr.at

Schweizerische Buddhistische Union
Postfach 18 09, CH-8021 Zürich
www.sbu.net

Meditationskurse

DEUTSCHLAND

Benediktushof Zentrum für spirituelle Wege,
Klosterstr. 10, 97292 Holzkirchen
www.benediktushof-holzkirchen.de

BUDDHA-HAUS Meditations- und Studienzentrum e.V.
Uttenbühl 5, 87466 Oy-Mittelberg,
www.buddha-haus.de

Dharmazentrum Möhra
Hoffmannshöhe 1, 36433 Moorgrund
www.dharmazentrum-moehra.de

Haus der Stille e. V.
Mühlenweg 20, 21514 Roseburg
www.hausderstille.org

Tibethaus Deutschland e.V.
Kaufinger Straße 4, 60486 Frankfurt am Main
www.tibethaus.com

Waldhaus am Laacher See
Heimschule 1, 56645 Nickenich
www.buddhismus-im-westen.de

ÖSTERREICH
Buddhistisches Zentrum Scheibbs
Ginselberg 12, AT-3270 Scheibbs/Neustift
www.bzs.at

SCHWEIZ
Meditationszentrum Beatenberg
CH-3803 Beatenberg
www.karuna.ch

Stiftung Felsentor, Romiti/Rigi
CH-6354 Vitznau
www.felsentor.ch

Kurse mit der Autorin

Institut für Achtsamkeit Düsseldorf
Maren Schneider
Dahlenstr. 42, D-40589 Düsseldorf
info@mbsr-duesseldorf.de
www.achtsamkeit-duesseldorf.de

Engagierter Buddhismus

Infos und Projekte zu diesem Thema finden Sie
beispielsweise unter:
www.karma-samphel-ling.at (Österreich)
www.stefanlang.org (Schweiz)
www.buddhanetz.org (international)

IMPRESSUM

© 2013 GRÄFE UND UNZER VERLAG GmbH, München

Alle Rechte vorbehalten. Nachdruck, auch auszugsweise, sowie Verbreitung durch Bild, Funk, Fernsehen und Internet, durch fotomechanische Wiedergabe, Tonträger und Datenverarbeitungssysteme jeder Art nur mit schriftlicher Genehmigung des Verlags.

Projektleitung: Anja Schmidt

Lektorat: Angela Hermann-Heene

Covergestaltung und Layout: independent Medien-Design, Horst Moser, München

Herstellung: Anna Bäumner

Satz: Christopher Hammond

Repro: medienprinzen GmbH, München

Druck und Bindung: Printer Trento

ISBN 978-3-8338-2901-7

1. Auflage 2013

 www.facebook.com/gu.verlag

Bildnachweis:

Anzenberger: Seite 38–39; Corbis: Seite 4–5, 7, 66, 110, 128; F1 Online: Seite 78; Fotolia: Seite 3; Getty Images: Seite 6; Laif: Seite 98; Millenium Images/Look-foto: Seite 2; Picture Press: Seite 88

Die Autorin

Maren Schneider, Jahrgang 1971, ist ausgebildete Lehrerin für Stressbewältigung durch Achtsamkeit (MBSR) und für Achtsamkeitsbasierte Kognitive Therapie (MBCT). Ihre Ausbildung erhielt sie u. a. bei Linde Lehrhaupt, Jon Kabat-Zinn und Marc Williams. Neben ihrer Autorentätigkeit arbeitet sie in ihrer eigenen Praxis in Düsseldorf als Heilpraktikerin für Psychotherapie und lehrt Meditation und Achtsamkeit.

Die GU-Homepage finden Sie unter www.gu.de

Ein Unternehmen der
GANSKE VERLAGSGRUPPE